AF168081

La Vérité sur Dieu

In vino veritas
(Pline l'Ancien)

Patrick TARDIVON

La Vérité sur Dieu

Enquête spirituelle sur le dieu de mon baptême

Analyse de l'Ancien et du Nouveau Testament

Regard sur le passé et le présent du Christianisme

Définition du profil d'un dieu plus universel

Interview de dieu la mère (et non pas Dieu le Père)

Clés d'une spiritualité adulte

FSC
www.fsc.org
MIXTE
Papier issu
de sources
responsables
Paper from
responsible sources
FSC® C105338

© 2023 Patrick TARDIVON

Édition : BoD – Books on Demand, info@bod.fr
Impression : BoD – Books on Demand, In de Tarpen 42,
Norderstedt (Allemagne)

Impression à la demande
ISBN : 978-2-3224-8160-6
Dépôt légal : Juillet 2023

Prologue

Tout d'abord, cher lecteur, laisse-moi te dire que la vérité sur Dieu n'existe pas et je me demande même si la vérité, elle-même, existe.

La vérité est une adéquation entre la réalité et l'homme qui la pense.
(Larousse)

Dieu pourrait devenir objet de vérité si Dieu était une réalité. Que nous dit le dictionnaire sur la réalité : *caractère de ce qui est réel, ce qui existe en fait, par opposition à ce qui est imaginé, rêvé, fictif.*

Exister, c'est être dans la sphère des capacités de nos perceptions : la vue, le toucher, le goût, l'odorat, l'ouïe. L'existence et la réalité ne peuvent être basées que sur **des faits.** Or, dans l'immense majorité de la population mondiale contemporaine, personne n'a encore vu ou touché Dieu. Des illuminés, des fous, des gourous le prétendent, mais cela n'en fait pas une vérité. Je ne dis pas non plus qu'un dieu n'existe pas.

La vérité est souvent troublée par **le point de vue.**

<u>Exemple</u> : Vous êtes deux autours d'une table, face à face. Vous prenez un verre à demi rempli dans la main droite. Vous pouvez affirmer que le verre est à droite. Si vous demandez à la personne qui vous fait face : "de quel côté est le verre", elle vous répond : "À gauche ».

C'est la réalité pour l'un et l'autre.
C'est la vérité, différente, pour chacun des deux.

Nous pouvons pousser l'exercice plus loin : pour l'un, l'affirmation d'un verre à moitié vide et pour l'autre un verre à moitié plein. Cette ambivalence de la vérité peut créer des situations d'incompréhension entre les êtres, voire des accidents. C'est la raison pour laquelle la marine préfère employer les mots de bâbord et tribord au lieu de gauche et droite ou de cours et jardin dans le langage du théâtre.
Revenons au divin. Dieu n'est pas une réalité, mais une **croyance**. Et comme son nom l'indique, tout le monde peut y croire.
Dieu a porté de multiples visages depuis l'apparition de l'humanité.

En ce qui le concerne, ce qui était vrai il y a 5.000 ans, devrait être vrai aujourd'hui. Ce qui est vrai en France, devrait être vrai en Chine. La vérité est universelle alors que les croyances sont personnelles, temporelles et communautaires.

La vérité est déformée par l'émotion : la peur, l'espérance, la croyance, l'incroyance, la certitude, le doute, la colère, le désintérêt, l'amour ou la haine… Ces émotions nous amènent à voir ou à croire une réalité qui quelquefois n'existe pas.
C'est la plus grande fragilité des témoignages humains.

Plusieurs proverbes nous ramènent à cette ambiguïté :

Il y a ma vérité, ta vérité et la vérité.
Chacun voit midi à sa porte.

Mes deux préférés :

La vérité est pareille à l'eau qui prend la forme du vase qui la contient.
(Ibn Khaldoun)

Ce qui importe, ce n'est pas tellement ce qui est vrai
mais plutôt ce qui aide à vivre pleinement.
(Nietzsche)

Quatre candidats à la présidence de la République proclament des réalités différentes tout en restant dans leur réalité et pensant que leur vérité est la meilleure.

Cent religions différentes racontent un récit différent tout en restant dans leur réalité et pensent que leur vérité est la meilleure.

Cela ne pose aucun problème sauf si l'expression de leur croyance utilise des moyens violents qui portent atteinte à liberté et l'intégrité d'autrui.

Je ne te révélerai donc aucune vérité sur Dieu, car tu as certainement la tienne, qui te plaît et qui t'aide à vivre. Ou pas.

Je te ferai découvrir la mienne, à travers une véritable enquête, un cheminement personnel et spirituel de plus de cinquante ans, accompagné d'expériences, de rencontres, de lectures multiples.

Je n'ai rien à prouver. Je te fais simplement partager un parcours de pensée.
Dans ce livre, j'utiliserai, entre autres, une méthode. Je lirai la Bible comme un homme libre du XXIe siècle et comme un païen. Je me poserai en candide bien que j'essaierai, quand c'est possible, de lire entre les lignes. Je me poserai des questions et je chercherai à y répondre.

J'utiliserai des mots et des formulations simples afin que cet ouvrage soit lisible par tous, même ceux qui n'aiment pas la lecture. J'emploierai un ton badin pour ne pas me prendre au sérieux. Je préfère, en lisant mes lignes, que tu souris plutôt que tu pleures.
Je ne suis pas à l'abri de petites erreurs. Je ne suis ni écrivain, ni théologien, ni scientifique, ni historien. Je suis un homme simple, hanté depuis mon enfance par la question :

Est-ce que Dieu existe ?

Enfant unique, je n'ai ni cousin ni cousine. Mon père et ma mère travaillent. Mes premières émotions s'enracinent dans la tristesse de la solitude et la richesse du dialogue intérieur. Très tôt, je développe une voix, compagne de mes pensées. Je m'adresse à elle et elle me répond. Elle intervient dans ma vie quotidienne pour me conseiller, m'avertir du danger, me réconforter, me sermonner ou me distraire. Je l'appelle mon Esprit. C'est par elle que je suis guidé pendant toute la rédaction de ce livre.

Dès ma puberté, je pressens que ma vie ne doit pas se borner à dormir, travailler, jouer, manger et faire l'amour. Malgré le plaisir que je prends à toutes ces actions. Mon équilibre et ma satisfaction, je dirais mon bonheur, réclament que ma vie ait un sens. Si j'ai souvent vécu dans le matérialisme, donnant une apparente légèreté d'âme, j'ai toujours cherché le pourquoi du comment.

À seize ans, pour trouver des réponses, je dispose de peu d'informations. Je ne comprends rien à la philosophie enseignée au lycée. J'ai peu d'expérience de la vie. Mon milieu familial n'est pas "libre-penseur".

Dieu est ma seule réponse : l'Église catholique, Jésus, le Saint-Esprit, les anges, le démon, le paradis, l'enfer, Adam et Ève, les miracles... Je crois tout !

Les bons pères marianistes (congrégation religieuse spécialisée dans l'enseignement) de ma pension, excellents dans leur travail de formatage. Prières le matin et le soir, bénédicité avant chaque repas, cérémonie du vendredi soir (le Salut), directeur de conscience ecclésiastique, confessions hebdomadaires, enfant de chœur à six heures du matin une fois par semaine, catéchisme, obligation d'assister à la messe dominicale avec pointage d'une carte de présence. J'ai vraiment peu de choix à portée de conscience pour répondre à mes interrogations.

Je commence à tout mettre à plat et à mieux me connaître. Mon inclination vers la spiritualité se confirme et j'entreprends, en 2013, date du décès de ma mère, d'écrire un livre pour dénoncer l'existence de Dieu.

<u>Voici sa première page</u> :

Je suis né à Paris le 2 juillet 1951 à 9 heures du matin. Mon père et ma mère sont chrétiens non-pratiquants.
Je suis baptisé à l'église St Léon du quinzième arrondissement. J'ai fait mes études dans des écoles religieuses : Albert de Mun pour le collège et Stanislas pour le lycée. À seize ans, je veux devenir prêtre. Je fais une retraite dans un monastère à Saint Rémy de Chevreuse avec mon ami de l'époque, Jacques Legay Lui voit la lumière. Moi, non. J'avais connu entre temps une autre source de bonheur : une femme. Je renonce à mes projets.
À dix-sept ans, je soulage ma mère, victime d'une crise de coliques néphrétiques, en posant mes mains sur son dos. Je pratique la guérison pendant cinq ans, en m'aidant d'une icône du Christ et d'une prière inventée. "Mon Dieu, vous êtes tout et moi, je ne suis rien, donnez-moi la force de guérir cette personne. Vous le pouvez et je le pourrai si vous me transférez votre force. Je vous donne pour cela un jour de ma vie."

À dix-huit ans, je suis adepte d'Alan Kardec et me livre au spiritisme. En 1988, je découvre l'Égypte. Je grimpe dans l'étroit tunnel de la grande pyramide et médite dans la chambre royale. J'en ressors transformé.

En 1991, je fais un deuxième voyage initiatique sur l'Île de Bali. Jiwa, guide et prêtre hindouiste, m'apprend que je fus brahmane dans une vie antérieure. Il me présente à un Pedanda (grand-prêtre balinais) qui pose ses mains sur les miennes et me dit : "Tu connaîtras la vérité. Je viens de te la transmettre. Elle est en toi."

En 2013, j'affirme : Dieu n'existe pas ! Quelques jours plus tard, je suis frappé d'une bronchite sévère qui me torture pendant quatre mois. Je suis à deux doigts d'y laisser la vie. J'imagine alors une colère divine face à ce blasphème littéraire. Il me porte malheur et me stoppe dans cette entreprise démoniaque. Comme quoi, je n'étais pas vraiment persuadé de mes affirmations.

En juin 2018, je rencontre une femme médium qui officie à "redresser mes énergies". Quelques jours plus tard, ma voix intérieure me parle et me guide. Je reprends la plume.

Pourquoi ?

● Parce que je la connais parfaitement pour en être un enfant,

● Parce que je me sens le droit de juger ma famille
et non celle des autres,

● Et enfin parce que les Chrétiens acceptent la critique
et le blasphème davantage que les Juifs et les Musulmans
dont je respecte les croyances.

TOUT CE QUE JE SAIS SUR DIEU

La naissance de Dieu

Quand Dieu est-il né ? C'est une question absurde. Il n'y a que les êtres vivants et mortels qui naissent. La Bible nous dit que Dieu créa la terre et les étoiles avant l'homme. On est donc en droit de penser que Dieu était présent à la création de l'Univers.

La théorie la plus admise sur la création de l'Univers, le Big Bang, a été énoncée par un chanoine belge, adepte du Dieu des Chrétiens, Georges LEMAÎTRE, en 1927. Puis de nos jours, confirmé par la majorité des scientifiques dont Albert Einstein.

Rappelons rapidement ce qu'est le Big Bang :

Une particule d'énergie infiniment petite entre en explosion (en inflation), produisant des gaz et des amas de matière. Ces amas se sont rapidement agrégés pour former des étoiles - comme le soleil - et des planètes comme la Terre. L'univers est toujours en expansion et notre système solaire s'éloigne du centre du cosmos à une vitesse de 70 kilomètres par seconde.

Il y a cependant des adversaires de ce modèle, par exemple les créationnistes qui pensent toujours que la Bible ne peut pas dire autre chose que la vérité puisqu'elle a été inspirée par Dieu lui-même. Ils croient que l'homme est né il y a 4.500 ans environ, de la main de Dieu. Les fossiles et les squelettes de l'homme de Néandertal ne seraient que les preuves d'un complot international.

Il existe même une communauté convaincue que la Terre est plate. On les appelle les Platistes. Si tu as du temps à perdre, va les découvrir sur Internet.

Soyons sérieux. Revenons à la science.

Le Big Bang a eu lieu, il y a 13,8 milliards d'années. Il a créé la matière en trois dimensions et **le temps**. Ce qui sous-entend qu'avant le Big Bang, rien n'existait. On peut donc dire que Dieu existe depuis "au moins" 13,8 milliards d'années et que c'est lui qui a créé le ciel et les étoiles. (Genèse La création 1.1)

Notre bonne vieille Terre a été créée, il y a 4,5 milliards d'années. La vie est apparue 800 millions d'années après, soit il y a 3,7 milliards d'années et l'homme de Néandertal il y a 500.000 ans.

Pourquoi Dieu a-t-il mis si longtemps à créer l'Homme ? Nous savons aujourd'hui que deux races humanoïdes ont vécu en même temps : Néandertal et Cro-Magnon (Homo sapiens). Néandertal a disparu et les raisons ne sont pas encore connues. Épidémie ? Génocide ? Mauvaise adaptation ? Dieu a-t-il créé Néandertal, Sapiens ou les deux ? A-t-il éradiqué Néandertal parce qu'il n'était pas content de son œuvre ?
Soyons sérieux. Revenons à la science.
Rien de ce qui est écrit **dans la Genèse de la Bible** n'est vrai. Depuis Charles DARWIN, biologiste du 19e siècle, nous savons que l'Homme - et que chaque espèce - est le fruit de transformations progressives ayant pour but de mieux s'adapter à son environnement et de consommer le moins d'énergie. C'est ce que l'on appelle le modèle de l'évolution.

Sans entrer dans les détails et avec beaucoup de simplifications, l'Homme provient de ces différentes mutations : être unicellulaire vivant dans l'eau (genre amibes) - méduse - poisson - lézard - écureuil - singe - Homme.

La race dominante sur Terre a été le Dinosaure qui a régné presque 200 millions d'années (de - 250 à - 66 M.). Soit beaucoup plus longtemps que l'Homme (500.000 ans). L'animal a totalement disparu de la planète à la suite de la chute d'une météorite géante.

Si la météorite n'était pas tombée et selon la loi de l'évolution, la race la plus intelligente, l'Homme, aurait l'allure d'un (ou autre). Dieu aurait donc ressemblé à un Dinosaure puisque la Bible nous dit que Dieu a créé l'homme à son image.

Il est probable que le concept de Dieu - ou du divin - soit apparu avec l'évolution de l'intelligence. Le chimpanzé est l'animal dont le code génétique est le plus proche de l'Homme. 96 % de chromosomes communs. Rien ne montre que le chimpanzé possède une intelligence susceptible de comprendre et de développer des concepts abstraits. Dieu est effectivement un concept abstrait puisqu'il ne se manifeste à aucun des cinq sens.

Le chimpanzé est arrivé dans l'écosphère, il y a environ 20 millions d'années et passa plusieurs stades avant de devenir Néandertal ou Sapiens : L'Homme de Toumaï (7 millions d'années) - L'Homo ergaster (Homme artisan 8 millions d'années) - L'Homo erectus (1 million d'années) - L'Homme de Tautavel (600.000 ans) - L'Homme de Néandertal (500.000 ans) - L'Homo sapiens (200.000 ans).

L'intelligence est arrivée lentement entre l'Homme de Toumaï et l'Homme de Néandertal. La découverte, dans une grotte au nord de l'Espagne, de Néandertaliens, enterrés de façon rituelle, avec des objets "fétiches", date le site à 400.000 ans.

Nous pouvons en déduire que l'Homme a pris conscience de l'existence d'un esprit surnaturel (ou d'un dieu) il y a 400.000 ans.

La conceptualisation de Dieu a évolué avec le temps. Il est probable que les premières pensées divines se sont élaborées autour de la peur de la mort. Où allons-nous après la mort ? Il était inconcevable et douloureux de penser que tout s'arrête. La valeur de l'individu, aimé par sa tribu, ne pouvait s'évanouir et se décomposer comme le faisait le corps. S'en est suivi l'imagination d'un monde parallèle enjolivé où les défunts sont accueillis par un "bon père". D'où le culte d'un dieu gardien du Ciel et le culte des ancêtres qui nous regardent d'en haut.

L'Homme pour survivre a besoin de chasser. La proie est souvent plus forte que lui : un zèbre, un lion, un mammouth, et le chasseur risque sa vie. La bête devient une divinité que l'on vénère pour mieux la combattre et pour que la chasse soit fructueuse. Les dents de l'animal sont utilisées comme fétiche et les os de son crâne trônent sur des totems. Il y a 40.000 ans, des dessins d'animaux recouvrent les murs des grottes de nombreux sites d'Europe. Expression artistique et rituel.

La fécondité de la femme apparaît comme une préoccupation majeure. Chaque naissance offre un individu de plus à la communauté, pour la chasse, pour la défense du territoire, pour la survie du clan. L'art dit pariétal nous laisse le témoignage de plusieurs statuettes de femmes au ventre rond, aux fesses dodues et aux seins volumineux. La Vénus paléolithique, par exemple.

La pratique de ces cultes n'est pas unanime. Chaque famille, chaque clan, chaque tribu honore ses propres divinités.

Un jour la religion

Il faut attendre que la société des hommes s'établisse en communauté stable et organisée pour que naissent ce que l'on peut appeler des religions.

Vers 8.000 ans avant notre ère, l'homme se sédentarise. Débuts de l'agriculture et de l'élevage. La fécondité de la femme s'accompagne de celle de la Terre. La moisson et les récoltes doivent être fécondes. Il faut de la pluie pour nourrir le sol. Les plus intelligents scrutent le ciel et les étoiles. Ils prennent conscience de l'infinité de l'Univers qui doit forcément abriter des forces occultes. Un dieu fait tomber la pluie. L'autre déclenche le tonnerre et les éclairs. Le soleil est vénéré pour sa chaleur et ses bienfaits sur la nature. Peut-être un dieu gouverne-t-il les saisons ?

Quand tout va mal, c'est que les dieux ont été négligés. La communauté organise des sacrifices d'êtres vivants : bœufs, moutons, volailles... Quelquefois des humains. On se regroupe pour invoquer la bonne volonté des esprits, la tête tournée vers le ciel. On exécute des rituels. On brûle des encens sur les autels. Rituel que les Hébreux vont appeler : holocauste. Le tout est géré par un initié qui connaît la volonté des tout-puissants. Ainsi naît une religion.

La plus ancienne est certainement proche du chamanisme. Les esprits (les dieux) n'étaient autres que la nature, la forêt, les arbres, les oiseaux....

Définition du chamanisme selon Wikipédia :

Il s'agit d'une pratique qui implique qu'un pratiquant, usuellement le chaman, atteigne des états de conscience modifiés afin de percevoir et d'interagir avec ce qu'il considère être un monde spirituel et afin de canaliser des énergies transcendantes présentes dans ce monde, ceci dans le but de servir sa communauté.

Le chamanisme a traversé les âges et les continents. Il était encore présent chez les Amérindiens lors de la découverte des Amériques par Christophe Colomb en 1492.
Il est difficile néanmoins de qualifier le chamanisme de religion, car il était pratiqué surtout individuellement.
Les religions ont commencé par être des sectes. Définition Larousse de secte : *Ensemble des personnes suivant la même doctrine.*

Une secte se structure autour de cinq points : un gourou, un récit épique (qui deviendra livre sacré), des cérémonies, des rites et des lieux de cultes.

Le gourou est un "initié" qui prétend connaître l'histoire du monde. Il définit le bien et le mal. Il annonce être en communication directe avec les esprits ou les dieux. Il possède des pouvoirs surnaturels. (ou fait semblant). Il a une emprise certaine sur les membres du clan.

Le livre sacré apporte une réponse aux grands mystères de la vie : D'où vient-on ? Pourquoi sommes-nous sur Terre ? Qu'y a-t-il après la mort ? Et plus basiquement : Pourquoi le soleil se lève-t-il tous les jours ? Pourquoi le tonnerre ? Pourquoi la mer emporte nos marins ? Pourquoi la fièvre emporte-t-elle nos bébés ?
La réponse est dans les esprits ou dans les dieux.
Les récits épiques comportent toujours les préceptes du bien et du mal. De la bonne action ou du péché. Elle glorifie les ancêtres bardés de toutes les vertus.

Il est plus facile pour un chef de village de faire appliquer la loi si elle nous est dictée par les dieux. Les codes sont bien sûr différents selon les civilisations et les époques.

La merveilleuse histoire est racontée aux enfants et à leurs parents lors des veillées et des réunions publiques.

La cérémonie permet de regrouper le clan et de le fidéliser aux dogmes de la secte. Plus elle est mystérieuse et plus elle impressionne et donne la sensation que les esprits sont présents. La cérémonie est extrêmement codifiée et ne pas suivre les rites habituels est considéré comme une offense aux dieux.

Les rites sont toujours mystérieux et codifiés. Seul l'initié (le baptisé) peut y avoir accès. Feu, encens, chants, psalmodies, prières, gestes mystérieux, initiations, sacrifices...

Le lieu de culte permet de donner un aspect grandiose à la cérémonie. Pierres dressées comme sur le site de Stonehenge, menhirs, dolmens, grottes, cavernes, temples, églises...

Il est amusant de constater que les religions d'aujourd'hui conservent le même schéma de fonctionnement que les sectes. Le gourou est un prêtre, le récit épique est dans la Bible, la Torah ou le Coran, la cérémonie prend le nom de messe, les rites sont les génuflexions, les signes de croix, les parodies de sacrifices où le mange le corps du Christ et l'on boit son sang, les lieux de cultes sont les Églises ou les temples.

Pendant ces périodes de maturation des religions, se développent de conserve les superstitions et la magie. Les superstitions ne s'appuient sur aucun dieu ou esprit, mais sur des objets et des situations. Passer sous une échelle porterait malheur. Accrocher un objet à son rétroviseur de voiture porterait bonheur... Ces superstitions sont encore très actuelles et chacune des trois religions abrahamiques en est encore empreinte. Quant à la magie, elle vit encore dans certains pays. Le vaudou est très pratiqué en Afrique ou en Haïti.

Petite histoire des religions et de leurs dieux

Il n'est pas question d'écrire une thèse exhaustive sur l'histoire des religions. Ce serait trop long et fastidieux. De très bons livres existent sur le sujet. Je donnerai simplement les éléments les plus importants et les plus utiles afin que l'on puisse s'y retrouver plus facilement.

Les premières traces de religion organisée ont été trouvées à **Ourouk,** ancienne ville de la **Mésopotamie**, aujourd'hui l'Irak, découvrant un culte de **4.000 ans avant** notre ère. C'était une des plus grandes cités de la région - les pays n'existaient pas encore - peut-être la plus grande du monde. Certains archéologues pensent que l'écriture cunéiforme y a été inventée. On y trouve de nombreux temples qui prouvent une réelle activité religieuse...

La déesse **Inanna** y était vénérée, déesse de l'amour, associée à la planète Vénus. En sachant que Vénus était aussi la déesse de l'amour chez les Romains, on se rend compte à quel point, les dieux et les pratiques religieuses peuvent traverser le temps et être adoptées par d'autres cultures.

Parmi les textes trouvés sur place, écrits sur des plaquettes d'argile, les archéologues ont retrouvé un récit, sur parchemin, intitulé de nos jours "l'épopée de Gilgamesh" qui constitue le premier récit épique de l'histoire de l'humanité.

Le mythe du déluge présent dans cette histoire sumérienne est repris, plus tard, dans l'Ancien Testament de la Bible.
Ce qui confirme, une fois de plus, que les mythes traversent le temps.

Certains temples, en forme de pyramide, témoignent de la croyance en la transition entre le ciel et la terre après la mort.

Toujours dans cette région de Summer, 2.000 ans avant notre ère, de nombreuses cités se sont développées, chacune avec son roi et chacune avec ses dieux. Les fouilles effectuées sur place ont mis à jour, à travers des stèles conservées, que les dieux légitimaient toujours le pouvoir du roi.

Déjà, la religion était un outil de gouvernance.

Louis XIV disait tenir son pouvoir de Dieu.

Les dieux égyptiens

Le sujet est vaste puisque la civilisation égyptienne s'est étalée sur trois millénaires. Les principaux vestiges de temples sont situés sur la vallée du Nil et le delta d'Alexandrie.

La plus connue des premières religions égyptiennes provient de **Thèbes** où Sésostris 1er fait bâtir de nombreux temples vers - 1900. On y vénère une **trinité** de dieux : Amon (le dieu créateur de la vie), Mout son épouse (déesse de la maternité) et Khonsou leur fils (dieu de la Lune). Le premier temple consacré à **Amon** se trouve à Karnak. Sésostris, roi de la Haute Égypte, souhaite prendre possession de la Basse Égypte qui vénère le roi soleil **Ré**. Il fait à l'occasion une fusion entre les deux divinités et décrète le dieu **Amon-Ré**. Quelle intelligence !

En -1350, le pharaon Amenhotep IV (Disciple de Amon) bouleverse totalement l'ordre religieux. Il déménage de Thèbes et fonde une nouvelle ville : Akhetaton. Il pille les biens du clergé d'Amon, renie son ancien dieu et impose un nouveau, **Aton**. Il prend le nom de sa ville en le transformant d'une voyelle : Akhenaton. Son nouveau dieu Aton est le **Soleil**, créateur de toutes choses, nourricier des humains, porteur de lumière. Les autres dieux deviennent subalternes, laissant la première place au dieu solaire. On peut y voir les prémices du monothéisme juif.

À la fin des dynasties égyptiennes, s'impose une nouvelle trinité ; le dieu **Osiris** créateur du ciel et de la terre (Il fut assassiné puis ressucité par sa sœur Isis), le dieu du soleil **Rê** et **Horus** leur fils.
Le mythe du **dieu ressuscité** fait son apparition, celui de Satan et de l'Enfer également.

Les dieux sont présentés sous la forme d'hommes (anthropomorphisme) ou d'animaux ou d'hommes à tête d'animal.

Ces religions enseignent surtout la vie après la mort : d'où l'apparition de nombreux rites funéraires : momification, sépultures accompagnées de nourriture, pyramides …

Les Égyptiens sont persuadés de la vérité de leurs dieux mais acceptent les dieux des autres.

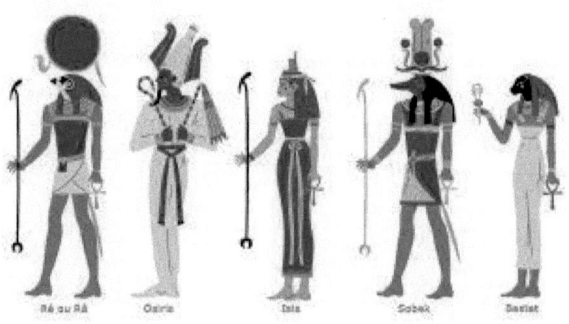

Les dieux du Moyen-Orient

Depuis - 3000 ans, les peuples sémites ont honoré principalement le dieu **Baal.** Cette religion a duré au moins trois millénaires puisque le nom d'Hannibal (l'ennemi Carthaginois des Romains) signifie "qui est vénéré de Baal". Un empereur romain Elagabal, en 218, a restitué, temporairement, la prédominance de cette divinité.

Baal : dieu de l'orage et fils du créateur du monde, s'opposait à **Mot**, dieu de la mort. Baal vit au ciel et Mot en enfer. On y trouve la binarité présente dans la religion chrétienne entre Dieu et Satan. On remarque également que **Baal est fils du créateur comme Jésus est fils de Dieu**. Baal fut tué par Mot, mais ressuscité.

Baal sera proscrit par les Hébreux qui le compareront au Diable.

Les Baalistes sont persuadés de la vérité de leurs dieux mais acceptent les dieux des autres.

Le dieu israélite

Il est apparu vers - 1200. Le peuple d'Israël serait né des 12 fils de Jacob (petit-fils d'Abraham) ayant chacun formé une tribu. Peuple nomade qui séjourne un certain temps en Égypte, 430 ans selon la Bible. Furent-ils chassés ? Ont-ils fui l'esclavage ? Ils migrent en terre de Canaan (Palestine) et c'est là que vont se dessiner les principaux préceptes de la religion israélite.

Ils décident d'abandonner le polythéisme pour ne privilégier qu'un seul dieu : **Yahvé.**

Après Akhenaton, c'est la naissance de la première grande religion monothéiste.

Vers - 600, ils écriront leur récit épique : **La Torah** qui sera la base de l'Ancien Testament des Chrétiens. De cette religion ? naîtront le Christianisme et l'Islam. C'est la raison pour laquelle cette religion est aussi appelée judéo-chrétienne. Les textes juifs nous parlent d'un messie, qui devrait apparaître un jour pour exécuter une mission divine. Cette mission, au fil du temps, se transforma en rachat des péchés des hommes. Nous parlons pour cela d'une religion messianique. Le mot Juif provient l'hébreu Yéhudi qui signifie "habitant du royaume de Juda" (Palestine entre - 940 et - 586).

Jérusalem devient, grâce à l'ambition du roi Salomon, la capitale religieuse du peuple.

Les Israélites sont persuadés de la vérité de leurs dieux mais n'acceptent pas les dieux des autres.

Les dieux babyloniens

Ils apparaissent vers - 1250. Le dieu **Mardouk** crée le ciel, les étoiles, le soleil, la lune, les montagnes, les fleuves, les hommes et… Babylone. Il justifie le pouvoir omnipotent de **Nabuchodonosor 1er** qui en fait le dieu de tous les dieux. Le roi fit construire en son honneur le plus haut monument du monde, le **Etemenanki**, une pyramide à 7 étages. Les Hébreux, jaloux du rayonnement intellectuel de ce monument, en firent un symbole de vanité humaine, donc de péché, en le nommant dans la Bible la **Tour de Babel**.

Les Mésopotamiens sont persuadés de la vérité de leurs dieux mais acceptent les dieux des autres.

Les dieux grecs. - 1000

Chez les Grecs, le polythéisme organisé connaît son apogée. Plusieurs centaines de dieux sont honorées sur le territoire, avec des dieux majeurs et des divinités mineures selon une hiérarchie très établie. L'ensemble de ces dieux est appelé **Panthéon**. Nous verrons plus loin que les Grecs se sont inspirés des dieux égyptiens et mésopotamiens, avec le bon sens suivant : **un dieu qui est très vénéré est un bon dieu.**
Les dieux grecs se sont établis sur l'Olympe, une montagne située en Thessalie. (province grecque). Pour mémoire :

Aphrodite	déesse de l'amour et des plaisirs
Apollon	dieu du soleil et des arts
Arès	dieu de la guerre
Artémis	déesse de la chasse
Athéna	déesse de l'intelligence
Déméter	déesse de l'agriculture
Dionysos	dieu de la vigne et du vin,
Hadès	dieu des morts
Héphaïstos	dieu du feu
Héra	déesse des cieux, et de la famille
Hermès	dieu du voyage et du commerce
Hestia	déesse du foyer
Poséidon	dieu de la mer
Zeus	dieu des dieux et de la foudre

Dans ce quasi-organigramme fonctionnel, une trinité de dieux s'impose : Zeus se charge du Monde, Poséidon de la mer et Hadès de l'Enfer.
On y trouve les divinités primordiales (Hypnos dieu du sommeil), les Monstres (Les Cyclopes), les Titans (Rhéa, Titanide de la fertilité), les demi-dieux (Achille, héros de la guerre de Troie), les divinités agraires (Perséphone déesse du printemps)....
Un Panthéon très riche et répondant chacun aux aspirations du peuple.

Les Jeux Olympiques, organisés à Olympie dans le Péloponnèse et inaugurés en - 776, sont des fêtes en l'honneur de tous ces dieux. Ils ont lieu tous les 4 ans et durent 5 jours dont le premier est consacré aux activités religieuses, prières, cérémonies, sacrifices d'animaux.

Ces jeux ont été abolis en + 393 par l'empereur romain et chrétien Théodose 1er, fervent chrétien.

Les jeux furent rétablis par Pierre de Coubertin en 1896.

Le récit épique des dieux grecs est raconté dans un ouvrage incontournable : l'Iliade et l'Odyssée qui notamment raconte l'histoire de la création du monde.

**Les Grecs sont persuadés de la vérité de leurs dieux
mais acceptent les dieux des autres.**

Les dieux romains. - 700

Ils héritent des religions étrusques, elles-mêmes influencées par les religions grecques. Leur Panthéon est beaucoup plus restreint, mais aligné sur les dieux olympiens en romanisant leur nom.
Voici un tableau de comparaison entre les dieux romains, grecs et égyptiens.

Dieux	Romains	Grecs	Égyptien
des dieux	Jupiter	Zeus	Amon-Ré
femme de Jupiter	Junon	Héra	Mout
de la mer	Neptune	Poséidon	Hâpy
de la sagesse	Minerve	Athéna	Sekhmet
du commerce	Mercure	Hermès	Thot
de la chasse	Diane	Artémis	Bastet
de l'amour	Vénus	Aphrodite	Hathor
de la lumière	Phébus	Apollon	Horus
des moissons	Cérès	Déméter	Isis
des Enfers	Pluton	Hadès	Anubis
du feu	Vulcain	Héphaïstos	Ptah
du vin	Bacchus	Dionysos	Saris
de la guerre	Mars	Arès	Montou

Il existe une trinité dans le Panthéon romain entre Jupiter, Junon et Quirinus. Ce dernier est en fait Romulus, assassiné par son frère Rémus lors de la fondation de Rome, élevé au rang de dieu.

Les religions romaines ont la particularité de vénérer des dieux personnels à chaque famille : les dieux Lares. Ce sont les ancêtres, vénérés sur un autel à l'intérieur de chaque foyer.

Jules César prétendait descendre de la déesse Vénus et se fit élever au rang de dieu lui-même. D'où le nom de culte impérial.

Au deuxième siècle avant notre ère, les Romains sont en guerre constante avec les Carthaginois au sujet de la domination commerciale de la Méditerranée. Afin de réunir le maximum de chance de succès, les dirigeants de la future Italie vont "adopter" une déesse turque (phrygienne) : **Cybèle,** mère des dieux !

Le culte de **Mithra**, dieu d'origine perse, se développe sur le territoire romain. Sa transmission, uniquement orale, rend difficile sa connaissance, mais l'on sait que cette religion monothéiste s'est propagée dans tout le bassin méditerranéen et dans ce qui allait devenir l'empire romain. Gaule y compris. Le rituel se passait au cours d'un repas pendant lequel les fidèles mangeaient du pain et du vin.
À partir du IIIe siècle, la religion **Sol Invictus** (soleil invaincu) devient dominante dans l'empire, surtout dans l'armée romaine. Dieu est le Soleil, dieu unique pour tout l'empire, décrété par l'empereur Aurélien.

**Les Romains sont persuadés de la vérité de leurs dieux
mais acceptent les dieux des autres.
Ils les empruntent même.**

Les dieux perses (Iran) - 600

Le roi Zoroastre (**Zarathoustra**) désigna le dieu **Ahura Mazda** comme divinité principale de son empire, créateur du monde et des hommes. La religion est appelée le mazdéisme. Elle promet également l'immortalité de l'âme, ce qui va lui donner un écho certain auprès des fidèles. Elle est quasiment monothéiste bien qu'elle s'appuie sur le combat entre le bien et le mal. Comme Dieu et Satan. Si l'homme se conduit bien dans sa vie terrestre, il ira dans un paradis, nommé *La Maison des Chants,* où il vivra éternellement. S'il s'est mal conduit, il va en enfer (La maison du Druj) où il ira purger sa peine.

L'histoire épique a été consignée dans un livre sacré, l'**Avesta**, dont les derniers documents furent détruits par les Musulmans.

**Les Perses sont persuadés de la vérité de leurs dieux
mais acceptent les dieux des autres.**

Les dieux indiens – 1500

Vu leur nombre, la présentation des dieux indiens est très complexe. Plus de 30 millions de nos jours. Les religions primitives sont appelées les religions **védiques**.
Tout commence avec le **Brahmanisme** dont le récit épique et sacré est le **Ramayana** et une autre religion : le **Jaïnisme**.

Le Brahmanisme évolue sur l'**Hindouisme**, religion dans laquelle on trouve également une sainte Trinité : **Brahma** dieu de la création, **Vishnu** dieu de la continuation et **Shiva** dieu de la destruction. S'ajoutent d'autres dieux aussi fameux : krishna, Ganesh, Hanuman…

Le Jaïnisme a codifié en - 549, par le Prince Vardhamana, les préceptes particuliers de la non-violence.

En **- 525**, Siddhartha Gautama dit **Bouddha**, au nord de l'Inde, développe une philosophie basée sur le renoncement aux plaisirs futiles de la vie. Bouddha n'est pas un dieu, mais il est vénéré comme tel. Son histoire dit qu'il est descendu du ciel pour entrer dans le vagin de sa mère. Principe de la vierge devenue mère. Les fidèles viennent prier devant sa représentation statuaire.

Des Églises se sont montées pour perpétuer l'enseignement de l'Éclairé et l'empereur Ashoka fixera les principes de cette religion qui deviendra le **Bouddhisme**. C'est lui qui organisa la propagande jusqu'à convertir presque toute l'Asie. Il écrivait : *"On ne devrait pas seulement honorer sa propre religion et condamner celle des autres, mais on devrait les honorer également"*. Si seulement nos trois religions abrahamiques avaient adopté cette sagesse !
N'ayant pas d'autorité représentative, comme un Pape, cette religion s'est éclatée en 18 courants différents (Le petit véhicule, le grand véhicule, le tantrisme…). On ne parle donc plus de Bouddhisme, mais des Bouddhismes.

Les Bouddhistes sont persuadés de la vérité de leurs dieux mais acceptent les dieux des autres.

Nos ancêtres les Gaulois - 1.000

Les peuples celtes sont installés pratiquement sur toute l'Europe, sauf sur le littoral méditerranéen. Ils comptent plus d'une centaine de tribus ayant chacune (ou presque) leurs variétés linguistiques et cultuelles. Les dieux sont peu connus, car leur représentation était interdite.

Nous savons que les **Druides** sont les messagers entre les dieux et le peuple et que leurs pouvoirs portaient sur les croyances, la politique, l'éducation et la médecine.

Sous l'influence des Romains (- 250), des dieux principaux émergent : **Taranis**, dieu du Ciel, équivalent de Jupiter, Teutatès, dieu de la guerre, Sucellus des morts, Cernunnos, de la fertilité….

Leurs fêtes principales sont : 1er février, fin de l'hiver (remplacé avec un glissement de date par mardi gras), 1er mai, fête des druides (Le mois de mai a été baptisé par le Vatican, le mois de la Vierge Marie), 1er août fête du dieu Lug et des mariages, 1er novembre, fête du passage des jours clairs aux jours sombres (remplacée par La Toussaint).

Le culte de Mithra s'est aussi imposé en Gaule.

Les Gaulois sont persuadés de la vérité de leurs dieux mais acceptent les dieux des autres.

Les Religions asiatiques - 600

Il est très complexe d'aborder les religions d'un continent aussi grand que l'Asie. Les premières religions se rapprochent du Chamanisme, en tant qu'elles vénèrent les esprits de la nature. On les nomme animistes, mais elles ont encore cours aujourd'hui avec de nombreuses variantes locales.

L'Asie a surtout été marquée par la pensée du philosophe **Confucius**. Les fidèles préféraient se laisser guider par les préceptes d'un sage plutôt que par un dieu. L'empereur (de Chine) est appelé "Fils du Ciel" et prend la place d'un quasi-demi-dieu.

Cette pseudo-religion perdurera jusqu'au début du XXe siècle et sera progressivement remplacée par le Bouddhisme principalement. On trouve aussi des Chrétiens et des Taoïstes disciples de Lao Tseu, autre philosophe.

Les Asiatiques sont persuadés de la vérité de leurs dieux mais acceptent les dieux des autres.

Le Christianisme : an 0

Le premier siècle, dans le bassin méditerranéen et le Moyen-Orient, est un siècle tourmenté. L'empire romain est en pleine expansion et la Judée est occupée.

Le Judaïsme promet un sauveur (le Messie) et de multiples sectes qui le divisent, et revendiquent un meilleur avenir pour les hommes. Certaines, comme les Esséniens, ont leur propre Messie sous le nom de Menahem.

Les principales sectes du début du siècle (Jésus vient de naître) sont : les Sadducéens, les Pharisiens, les Esséniens, les Génistes, les Méristes, les Galiléens, les Helléniens et les Baptistes, les Thérapeutes, les Samaritains, les Nazoréens....

Vu la complexité de la naissance du Christianisme et l'importance de cette religion dans notre civilisation, j'y consacrerai plus loin un chapitre à part.

**Les Chrétiens sont persuadés de la vérité de leur dieu mais n'acceptent pas les dieux des autres.
Pas du tout.**

Curieuse ressemblance avec Zeus et Jupiter !

L'Islam 622

Cette religion doit tout à un prophète Abū al-Qāsim Mouhammad ibn Abd Allāh ibn Abd al-Muṭṭalib ibn Hāshim dit **Mahomet,** né en 570 à La Mecque.

Élevé dans la religion juive, il emprunte beaucoup du récit épique des Juifs et des Chrétiens pour construire la sienne. C'est pourquoi il existe beaucoup de points communs entre la Torah, la Bible et le Coran : Abraham comme premier prophète, reconnaissance de Jésus comme prophète, l'archange Gabriel, la circoncision, la prohibition du porc, etc.

Mahomet est un chef de guerre qui n'hésite pas à avoir recours aux pillages et aux assassinats (razzias) pour convertir les villages (et La Mecque) à l'Islam.

Mahomet nous dit avoir reçu son message divin de l'ange Gabriel, dans une grotte, parole de son dieu (Allah).

Les hadiths (paroles et actes du Prophète) ne seront rédigés qu'à la fin du IXe siècle, ce qui peut laisser penser que l'histoire et le caractère de ce dernier ont été embellis par ses disciples. Plusieurs versions du Coran ont circulé et sont stabilisées et (quasiment) unifiées cent ans plus tard.

**Les Musulmans sont persuadés de la vérité de leur dieu
mais n'acceptent pas les dieux des autres.
Pas du tout, du tout.**

La lecture de cette chronique des religions met parfaitement en évidence les "briques" avec lesquelles a été construite la religion chrétienne.

Analyse

Tu me pardonneras, j'espère, de ne pas faire de chapitres sur les dieux africains, amérindiens, indiens, sur les dieux des populations arabes avant Mahomet, sur les dieux océaniens… Je ne les connais pas et ils sont innombrables.

Pourquoi penser que les dieux d'avant étaient faux et que seuls les dieux contemporains sont vrais ? Complexe de supériorité ? Vanité de l'Homme instruit ? Persistance dans les prébendes des ministres du culte ?

L'histoire nous montre que les religions évoluent avec le temps et avec le degré d'intelligence et de culture des populations. C'est logique.

Sauf que depuis 1.500 ans, rien ne bouge. Pas de réforme au sein des Églises. Que des divisions. Pas de nouveaux yeux pour regarder le ciel. Les temps ont changé pourtant. Nos religions actuelles, ne seraient-elles pas trop archaïques ?

Quand je vois le déroulement d'une messe Catholique française, je le pense un peu. Un homme en robe blanche, qui embrasse son écharpe, qui nous lit tous les dimanches le même livre, avec son calice en or, ces deux jeunes garçons pré-pubères qui portent une grosse bougie, un autre qui secoue une petite cage d'où sort de la fumée, qui nous fait manger le corps d'un mort, qui ne demande de nous lever puis de nous asseoir plusieurs fois…

Ourouk, Innana, Osiris, Ré, Baal, Yahvé, Mardouk, Zeus, Apollon, Jupiter, Vénus, Cybèle, Mithra, Mazda, Brahma, Vishnu, Shiva, Bouddha, Allah, et les milliers d'autres… sont des dieux tout aussi vénérables que notre Dieu chrétien.

Aucun argument raisonnable ne nous permet d'affirmer que nous détenons aujourd'hui la vérité. Nous ne représentons que 32 % de la population mondiale. 23 % pour les musulmans. 0,2 % pour les Juifs. Sans compter les petites religions, les athées et les agnostiques.

Pouvons-nous affirmer,

nous Chrétiens, que ces 32 %,

nous donnent raison

et que les autres ont tort ?

Vanité, orgueil ou manifestation d'un suprématisme occidental.

Il serait plus sage de penser que **tout le monde a raison** et que chacun a le droit à sa vérité.
Malheureusement, le monothéisme ne nous le permet pas.

Nous verrons cela plus loin.

Dieu existe-t-il ?

Vous vous attendez peut-être à ce que je réponde : non. Je n'en sais absolument rien. Je suis même incapable, en toute honnêteté, de dire le contraire.

Quand j'écrirai Dieu avec un "D" majuscule, je parlerai du dieu que l'on m'a donné à la naissance, que j'ai appris au patronage et dans les écoles religieuses, le dieu des Chrétiens. Quand je l'écrirai avec un "d" minuscule, il s'agira des autres.

Je suis plus enclin à penser qu'**un dieu existe** : Dieu, Yahvé, Allah ou Ganesh... ou un dieu qui n'a encore jamais été nommé. J'espère que nous arriverons à une réponse plus précise à la fin de cette enquête.

°0°

Nous allons tout d'abord analyser ce que nous pouvons apprendre sur Dieu.
Je vois deux manières de le faire :

1. Par la lecture de la Bible
2. Par l'analyse de la période post-biblique jusqu'à nos jours.

Pourquoi la Bible ?

- Parce que c'est **le livre le plus vendu au monde**,
- Parce qu'elle a, selon elle, été écrite (inspirée) par Dieu lui-même.
- Parce que certains Chrétiens l'appliquent à la lettre comme des Juifs ou des Musulmans appliquent la Torah ou le Coran dans leur vie quotidienne.

**Parce que les livres sacrés sont pris comme référence
dans le comportement quotidien
de celui qui veut être un bon fidèle de sa religion.**

Je rappelle que les prophètes (Abraham, Moïse, David, Jésus, Mahomet) sont des humains convaincus d'avoir parlé avec leur dieu. Ils ont ensuite écrit et enseigné ce que leur dieu leur avait dit. Cependant, ni Jésus ni Mahomet n'ont écrit quoi que ce soit. Abraham et Moïse auraient écrit l'Ancien Testament.

La Bible est un livre important pour son influence sur la société occidentale et par son volume. Environ 2000 pages selon les éditions.

Mon directeur de conscience, en pension, me disait : *"si tu te poses une question difficile, ouvre la Bible à n'importe quelle page et tu trouveras la réponse."*
Cependant,

Ils sont forts, ces ministres de Dieu !

°0°

Pourquoi l'analyse de la période post-biblique ?

Parce que le contenu de la Bible est sujet à certains doutes que nous allons découvrir ensemble. Plus de vingt siècles nous séparent de cette époque et la période post-biblique et le monde actuel constituent sans doute un apport plus objectif.

La croissance du Christianisme a tout autant d'importance - voire plus - que sa naissance.

Elle a été influencée par des hommes : Saint-Paul, Constantin 1er, les papes, Anastase, Saint-Augustin, etc. par des événements : invention de l'imprimerie, guerres au Proche-Orient, apparition de nouvelles doctrines, augmentation de la culture des peuples, par la collusion fréquente avec les pouvoirs et par une volonté constante de soumettre ses fidèles tentés par le polythéisme.

Qu'est-ce que la Bible ?

Livre sacré des Chrétiens, la Bible se compose de deux volumes : L'Ancien et le Nouveau Testament.

L'Ancien Testament est une compilation de textes hétéroclites : L'histoire de la création de l'Univers, la fuite d'Égypte, les conquêtes de territoires, la succession des rois, des psaumes et des récits poétiques, des témoignages de prophètes.

39 livres dont l'inénarrable **Cantique des Cantiques** dont voici des extraits.

Tous les passages écrits en *italique* sont véridiques et non transformés, un copier-coller du livre.

Qu'il me baise des baisers de sa bouche ! Car ton amour vaut mieux que le vin, Tes parfums ont une odeur suave ; Ton nom est un parfum qui se répand ; C'est pourquoi les jeunes filles t'aiment. Entraîne-moi après toi ! Nous courrons ! Le roi m'introduit dans ses appartements... Nous nous égayons, nous nous réjouissons à cause de toi ; nous célébrerons ton amour plus que le vin. C'est avec raison que l'on t'aime. Je suis noire, mais je suis belle, filles de Jérusalem, Comme les tentes de Kédar, comme les pavillons de Salomon.

C'est la voix de mon bien-aimé ! Le voici, il vient, sautant sur les montagnes, bondissant sur les collines. Mon bien-aimé est semblable à la gazelle ou au faon des biches. Le voici, il est derrière notre mur, il regarde par la fenêtre, il regarde par le treillis.

Que tu es belle, mon amie, que tu es belle ! Tes yeux sont des colombes, derrière ton voile. Tes cheveux sont comme un troupeau de chèvres, Suspendues aux flancs de la montagne de Galaad.

Tes dents sont comme un troupeau de brebis tondues, qui remontent de l'abreuvoir ; Toutes portent des jumeaux, Aucune d'elles n'est stérile. Tes lèvres sont comme un fil cramoisi, Et ta bouche est charmante ; Ta joue est comme une moitié de grenade, derrière ton voile. Ton cou est comme la tour de David, bâtie pour être un arsenal ; Mille boucliers y sont suspendus, Tous les boucliers des héros. Tes deux seins sont comme deux faons, comme les jumeaux d'une gazelle, qui paissent au milieu des lis.

°0°

Ta taille ressemble au palmier, et tes seins à des grappes. Je me dis : je monterai sur le palmier, j'en saisirai les rameaux ! Que tes seins soient comme les grappes de vigne, le parfum de ton souffle est comme celui des pommes, et ta bouche comme un vin excellent, … -Qui coule aisément pour mon bien-aimé, Et glisse sur les lèvres de ceux qui s'endorment ! Je suis à mon bien-aimé, et ses désirs se portent vers moi. Viens, mon bien-aimé, sortons dans les champs, Demeurons dans les villages !

Ce sont de jolis mots et de belles images, mais je comprends mal sa présence dans un livre sacré.

Pour les Chrétiens, l'ancien testament, dans son ensemble, **a été dicté aux prophètes par Dieu lui-même**. Il n'existait de ces textes aucune transmission orale. La datation est difficile vu la diversité des écrits.

Cependant, un groupe d'archéologues a découvert ce que l'on appelle communément **les manuscrits de la mer morte** écrits par les Esséniens, une secte religieuse vivant dans le désert. Ces manuscrits ont été rédigés plusieurs siècles avant les premiers écrits connus des Hébreux.

Dans la Bible, on trouve la création du monde par Adam et Eve, le déluge et beaucoup de similitudes avec la Genèse. On y trouve aussi des thèmes plusieurs fois utilisés dans les religions antiques : La trinité de dieux, la virginité de la mère, les cieux comme habitat des dieux, le combat du bien et du mal, la résurrection, les démons, les anges, les miracles... Il ne s'agit pas d'un plagiat, mais d'un emprunt à des civilisations antérieures comme les Mésopotamiens.
Les voies du Seigneur sont impénétrables !

Les textes, rédigés en hébreu et en araméen, ont été traduits en grec, puis en latin, puis en roman, puis en français en ce qui nous concerne. Les langues mortes sémitiques ne comprenaient que des consonnes (sgr aurait pu être traduit pas sucre). L'erreur de traduction est fréquente. Des traductions répétées induisent un risque d'erreur élevé.

De plus, avant le quinzième siècle et l'invention de l'imprimerie, les textes étaient copiés par des scribes et des moines. Rien ne les empêchait de se tromper, d'oublier, d'ajouter ou de corriger selon leur humeur ou leur zèle de bon Chrétien.

Il est donc avéré aujourd'hui que la bible, telle qu'elle a été écrite "avant Jésus-Christ", est différente du livre que nous lisons aujourd'hui. D'ailleurs, il en existe plusieurs versions, tant elle fut corrigée et réinterprétée de façon à obtenir un ouvrage qui plaise à tout le monde.

L'ancien testament nous parle plutôt de Dieu.
Le Nouveau Testament du Christ.

Le Nouveau Testament est constitué de 27 livres différents, témoignages des apôtres du Christ, Matthieu, Marc, Luc et Jean, complétés des courriers de Paul de Tarse, dont nous parlerons plus loin.

Le problème le plus important, quant à la véracité des histoires, est que les apôtres, a priori, n'ont pas connu le Christ. Ils ont écrit plusieurs décennies après sa mort en l'an 33. Cela ne sous-entend pas que les textes sont faux, mais la véracité des faits, par témoignage, peut être fragilisée, comme nous l'avons vu en préambule.

En tout état de cause,
nous allons réfléchir sur les textes dont nous disposons.

Rappel chronologique des événements bibliques de l'Ancien Testament, approximatif, succinct et malicieux

- 4500 Dieu crée l'Univers, la Terre, les étoiles, l'homme, la femme, le chien, le chat, le serpent à 4 pattes, les arbres et la salade en six jours. Il se repose le septième, un dimanche que deviendra le jour du Seigneur. Pour les Juifs, c'est le Sabbat qui a lieu le samedi et pour les musulmans le yawm al-jum'a et c'est un vendredi.
Les complications commencent.

- 2000 Le déluge et l'arche de Noé

- 1760 Le vieux Abraham, âgé de 75 ans, entend des voix. À son accent à la Popeck (humoriste du XXᵉ siècle), il reconnaît que c'est Dieu qui lui demande de partir de son chez-lui pour une destination inconnue. En récompense, Dieu lui donnera beaucoup de descendants et toutes les terres autour de lui. Il part avec son neveu Loth. Il s'embrouille avec Loth qui part vivre à Sodome, car il avait entendu beaucoup de bien sur cette ville des délices.

- 1600 Poussés par la famine,
les Hébreux descendent jusqu'en Égypte gouvernée par Ramsès II.

- 1400 Ils fuient d'Égypte avec toute la smala, conduit par Moïse, et traversent la mer Rouge sans se mouiller le bout des pieds.
L'octogénaire sportif grimpe sur le mont Sinaï où une apparition, ayant la forme de dieu, lui dicte les commandements qui vont régir l'avenir de l'Humanité.

- 1200 Grandes conquêtes et massacres.

- 1000 Règne du roi David.

- 930 Règne du roi Salomon. L'époque des grands prophètes.
Ensuite, le pays se scinde en deux ; Israël au nord et Juda au sud.

- 165 Occupation romaine

an 0, Il est né le divin enfant.
Rappel des événements bibliques du Nouveau Testament approximatif, succinct et malicieux

En l'an 0 naquit, d'une vierge, un enfant juif appelé Jésus. Le gamin ne fit pas d'études, mais allait toutefois donner des leçons aux prêtres judaïques.

°0°

Les Juifs s'étonnaient, disant : Comment connaît-il les Écritures, lui qui n'a point étudié ?

°0°

Voici de quelle manière arriva la naissance de Jésus-Christ. Marie, sa mère, ayant été fiancée à Joseph, se trouva enceinte, par la vertu du Saint-Esprit, avant qu'ils eussent habité ensemble.

°0°

Il s'aperçut à 30 ans qu'il avait un super pouvoir et commença à guérir des malades qui n'avaient rien demandé. Il marcha sur l'eau, transforma l'eau en vin, ressuscita des morts, etc.
Bien sûr, il attira les foules et choisit, parmi ces admirateurs, 12 personnes qui lui paraissaient aptes à propager ses idées. Ce sont les apôtres. Et pourquoi 12, parce que c'est symbolique. Nous trouvons d'ailleurs dans la Bible une symbolique des nombres souvent utilisés : 7, 12, 40, 400... Tu te régaleras dans l'Apocalypse.

Jésus savait (il savait tout) qu'il allait être trahi par un nommé Judas lors d'un repas (La cène) mais il y alla quand même. Il dira que c'était **pour accréditer une prophétie de l'ancien testament.**
Lorsque Jésus eut achevé tous ces discours, il dit à ses disciples : Vous savez que la Pâque a lieu dans deux jours, et que le Fils de l'homme sera livré pour être crucifié.

Le soir étant venu, il se mit à table avec les douze. Pendant qu'ils mangeaient, il dit : je vous le dis en vérité, l'un de vous me livrera.

Penses-tu que je ne puisse pas invoquer mon Père, qui me donnerait à l'instant plus de douze légions d'anges ? Comment donc s'accompliraient les Écritures, d'après lesquelles il doit en être ainsi ?

°0°

Et nous, nous vous annonçons cette bonne nouvelle que la pro-messe faite à nos pères, Dieu l'a accomplie pour nous, leurs enfants, en ressuscitant Jésus, selon ce qui est écrit dans le Psaume deuxième : Tu es mon Fils, Je t'ai engendré aujourd'hui.

Jésus fut amené chez les Romains, mais Ponce Pilate, le gouverneur, n'en point voulu et le remit aux Juifs.

Il mourut épinglé sur la croix à l'âge de 33 ans.

Mais quelques jours plus tard - comme l'annonçait un prophète - il ressuscite à plusieurs kilomètres d'où il avait été enterré et devant ses disciples médusés, s'élève au ciel comme un hélicoptère de la Croix-Rouge.

Et l'on en parle encore !

QUESTIONNEMENT SUR LA BIBLE, SES ACTEURS ET TENTATIVES DE RÉPONSES, LE TOUT SUIVI DE TENTATIVES D'ANALYSE

Le Bon Dieu est-il vraiment bon ?

J'ai utilisé, pour y répondre, la lecture de l'Ancien Testament et du Nouveau. Tout ce qui est écrit en italique provient, sans déformation, de la Bible. Je me suis référé à l'ouvrage de Louis Segond, le plus diffusé en France et référence de l'Église catholique. Je n'ai pas noté l'emplacement du verset à chaque citation, seulement sur celles qui peuvent provoquer le doute quant à son origine.

Cependant, si vous cherchez l'origine d'une des citations, écrivez le début de la phrase sur un moteur de recherche, vous trouverez tout de suite l'origine.

°0°

Dieu, après avoir créé le Jardin d'Éden et Adam et Eve, leur montre **l'arbre de la connaissance et du savoir,** mais leur interdit d'en manger les fruits. Sous peine de mort !

Il est étrange que Dieu n'ait pas fait visiter l'ensemble des jardins à ses enfants. Il ne leur a montré que l'arbre mystérieux. Comme s'il avait voulu le tenter. Dieu, qui est omniscient, aurait dû savoir que les jeunes sont très curieux. En toute connaissance de cause, il a tendu un piège qui a bien fonctionné.
Alors pourquoi leur reprocher puisque c'était écrit ?
Soit Dieu s'est trompé en créant cet homme, soit il le savait. Jésus dira dans les évangiles qu'il était déjà aux côtés de son Père avant la création. Il savait également qu'il descendrait sur terre pour être crucifié. C'était écrit.

Donc il est possible que Dieu ait fait tomber exprès Adam et Eve dans le piège pour que l'œuvre de son vrai fils soit exécutée. En effet, si les tourtereaux n'avaient pas mangé la pomme, ils seraient restés tous les deux seuls dans le Paradis et nous n'aurions pas existé.

Je parle de pomme, mais la Bible parle de fruit. Il est même possible que ce soit du raisin puisque Adam, ensuite, a caché sa nudité avec une feuille de vigne.

Quand j'étais petit, je pensais que le péché originel était l'acte sexuel entre l'homme et la femme. Sans doute, les ecclésiastiques qui m'ont éduqué me l'avaient laissé penser.

Le péché originel, c'est d'avoir goûté le fruit de l'arbre de la connaissance du bien et du mal.

Accéder à la connaissance est donc un péché ?

Dieu, lui, y accédait certainement à cette connaissance. Imaginez un père de famille qui détient une bibliothèque extraordinaire et qui interdise à ses enfants de lire !!!

De plus, pourquoi faire porter la responsabilité de "la faute" de nos ancêtres sur notre dos de nouveau-né ? Car je vous rappelle que le baptême a, entre autres, comme vertu de nous affranchir du péché originel. Je dirai que ce n'est pas très juste.

Encore plus injuste pour ceux qui ne sont pas Chrétiens.

Nous verrons, à l'analyse de cette Bible, que notre bon Dieu adore que nous soyons des pécheurs. Ça lui donne l'occasion de nous fustiger.

Voici quelques échantillons de notre bonne vieille bible.

Au Jardin d'Éden, Dieu se met en colère de la dégustation du fruit :

*Il dit à la femme : j'***augmenterai la souffrance de tes grossesses***, tu enfanteras avec douleur, et tes désirs se porteront vers ton mari, mais* **il dominera sur toi.**

Il dit à l'homme : Puisque tu as écouté la voix de ta femme, et que tu as mangé de l'arbre au sujet duquel je t'avais donné cet ordre : Tu n'en mangeras point ! **le sol sera maudit à cause de toi.** *C'est à force de peine que tu en tireras ta nourriture tous les jours de ta vie, Il te produira des épines et des ronces, et tu mangeras de l'herbe des champs.* **C'est à la sueur de ton visage que tu mangeras du pain,** *jusqu'à ce que tu retournes dans la terre, d'où tu as été pris ; car tu es poussière, et tu retourneras dans la poussière.*

Cette réaction est excessive de la part d'un bon Père. Heureusement que les couples d'aujourd'hui (et d'avant) avaient acquis l'intelligence de transformer l'inimitié en amour, que la médecine fait accoucher les femmes sans douleur et que le travail n'est plus aussi pénible qu'il le fut.

Nous sommes poussière et nous retournerons poussière. Tant mieux, car la vie éternelle doit être ennuyeuse et tout le sel de la vie est dans sa brièveté. Merci Dieu d'avoir viré nos ancêtres.

Passons à la belle histoire de l'arche de Noé.

l'Éternel vit que la méchanceté des hommes était grande sur la terre, et que toutes les pensées de leur cœur se portaient chaque jour uniquement vers le mal. L'Éternel se repentit d'avoir fait l'homme sur la terre, et il fut affligé en son cœur. Et l'Éternel dit : j'exterminerai, de la face de la terre, l'homme que j'ai créé, depuis l'homme jusqu'au bétail, aux reptiles, et aux oiseaux du ciel ; car je me repens de les avoir faits.

Steve Wells, auteur américain, a estimé que la population de la terre, à cette époque, était de 25 millions de personnes. Dieu a tué 25 millions d'individus seulement parce qu'il était insatisfait de l'homme qu'il avait lui-même créé !
Je ne compte même pas les animaux, car j'ai cru comprendre que le divin Père s'en fiche totalement.

Pourquoi Dieu a-t-il épargné Noé et sa famille ? Parce qu'ils étaient hébreux. Parce qu'ils étaient vertueux. Et parce que son fils Jésus devait arriver plus tard et que Dieu qui sait tout, savait que Jésus serait un descendant de Noé
Favoritisme !

°0°

Il existait un monument, à Babylone, qui se voulait être le plus haut du monde : L'Etémenanki ou temple de la fondation du ciel et de la terre, décidé par Nabuchodonosor. L'édifice était magnifique et attirait les touristes de toute la création. Gros problème : ce peuple honorait un autre dieu : Mardouk.
Et notre bon dieu à nous est jaloux. Donc, il punit les Babyloniens.
Allons ! descendons, et là confondons leur langage, afin qu'ils n'entendent plus la langue, les uns des autres. Et l'Éternel les dispersa loin de là sur la face de toute la terre ; et ils cessèrent de bâtir la ville.

Dieu aurait pu s'en prendre à Nabuchodonosor,
plutôt qu'à ses ouvriers.

Un jour, Dieu décida de faire alliance avec Abraham. Première condition : se couper le bout du zizi. La circoncision.

Je ne sais pas si Abraham était naïf, mais il accepta.

°0°

Un mâle incirconcis, qui n'aura pas été circoncis dans sa chair, sera exterminé du milieu de son peuple.

Cela n'est pas, être naïf, c'est céder à la menace.

°0°

Il y avait, dans l'actuelle Jordanie, deux villes prospères par leur culture et leur commerce. Il y faisait bon vivre. Mais, malheureusement pour eux, les Sodomites et les Gomorrhéens n'étaient pas circoncis. L'Éternel fit croire que dans cette ville 100 % des habitants se livraient à des mœurs dissolues. Il décida donc de les passer au lance-flammes.
Alors l'Éternel fit pleuvoir du ciel sur Sodome et sur Gomorrhe du soufre et du feu, de par l'Éternel. Il détruisit ces villes, toute la plaine et tous les habitants des villes, et les plantes de la terre. La femme de Lot regarda en arrière, et elle devint une statue de sel.

200.000 personnes environ rayées de la carte, pour ce que l'on pourrait appeler un caprice. Loth, le neveu d'Abraham, a été averti du carnage et il a pu se sauver avec sa famille. Sa femme, parce qu'elle avait désobéi à Dieu, a été transformée en statue de sel. On ne rigole pas avec le Père.

°0°

Abraham, sans doute berger du côté de Harran, fut choisi par Dieu, pour fonder la religion que le Père voulait inculquer à son peuple. Il lui fallait trouver quelqu'un de soumis. Il fait donc un test sur ce brave berger.

*Dieu mit Abraham à l'épreuve, et lui dit : Abraham ! Et il répondit : Me voici ! Dieu dit : Prends ton fils, ton unique, celui que tu aimes, Isaac ; va-t'en au pays de Morija, et là **offre-le en holocauste** sur l'une des montagnes que je te dirai.*

Abraham se saisit d'un long couteau et lève la main pour égorger son fils. Heureusement que le Seigneur l'a retenu. Test positif.

Personnellement, je trouve qu'il faut être un peu demeuré pour accepter de tuer son fils sur la simple raison d'avoir entendu des voix.

Dieu va lui demander de quitter sa maison et son pays pour se rendre… Dieu ne lui dit pas où, mais dans un pays où tout est beau. De plus, Dieu fait la promesse de lui donner toutes les terres quand il parviendra à destination. C'est ce qu'on appelle l'Alliance. Abraham est un prophète reconnu dans les trois religions du livre.

Les tribus d'Abraham, frappées par la famine, se retrouvent en Égypte. Ils s'assimilent difficilement aux autochtones et forment une classe prolétarienne certainement exploitée par les natifs.

Les Hébreux sont des émigrés, utiles au début, mais considérés, par leur religion rigoriste, comme gênants.

Moïse, hébreux naturalisé égyptien, se prend d'affection pour le pauvre peuple et décide de le faire sortir du pays. Mais le pharaon ne veut pas perdre cette main d'œuvre bon marché.

*Et moi, **j'endurcirai** son cœur, et il ne laissera point aller le peuple.*

Dieu endurcit le cœur de Pharaon, pour qu'il refuse leur départ ! Ce n'est pas logique, sauf s'il cherche à faire souffrir son peuple élu.

C'est un curieux comportement. On est en droit de penser que si les Hébreux restent prisonniers, c'est la faute de l'Éternel. Mais pourquoi a-t-il fait cela ? Par cruauté ?
En effet, il avait préparé quelques punitions originales qu'il voulait absolument infliger pour montrer à quel point il était cruel.

°0°

*Je vais frapper les eaux du fleuve avec le bâton qui est dans ma main ; elles seront **changées en sang**. Les poissons qui sont dans le fleuve périront, le fleuve se corrompre, et les Égyptiens s'efforceront en vain de boire l'eau du fleuve.*

*Elle deviendra une poussière qui couvrira tout le pays d'Égypte ; et elle produira, dans tout le pays d'Égypte, sur les hommes et sur les animaux, **des ulcères formés par une éruption de pustules.***

*C'est raffiné, n'est-ce pas ! Voici un échantillon de ce qu'on appelle aujourd'hui **les 7 plaies d'Égypte** :*

°0°

*Les sauterelles montèrent sur le pays d'Égypte, et se posèrent dans toute l'étendue de l'Égypte ; elles étaient en si grande quantité qu'il n'y avait jamais eu et qu'il n'y aura jamais rien de semblable. **Elles couvrirent la surface de toute la terre,** et la terre fut dans l'obscurité ; elles dévorent toute l'herbe de la terre et tout le fruit des arbres, tout ce que la grêle avait laissé ; et il ne resta aucune verdure aux arbres ni à l'herbe des champs, dans tout le pays d'Égypte.*

*Il y aura dans tout le pays d'Égypte **de grands cris**, tels qu'il n'y en a point eu, et qu'il n'y en aura plus de semblables. Mais parmi tous les enfants d'Israël, depuis les hommes jusqu'aux animaux, **pas même un chien ne remuera sa langue**, afin que vous sachiez quelle différence l'Éternel fait entre l'Égypte et Israël.*

*Cette nuit-là, je passerai dans le pays d'Égypte, et **je frapperai tous les premiers-nés du pays d'Égypte**, depuis les hommes jusqu'aux animaux, et j'exercerai des jugements contre tous les dieux de l'Égypte. Je suis l'Éternel.*

°0°

*Au milieu de la nuit, l'Éternel frappa tous les premiers-nés dans le pays d'Égypte, depuis le premier-né de Pharaon assis sur son trône, **jusqu'au premier-né du captif dans sa prison**, et **jusqu'à tous les premiers-nés des animaux.** Pharaon se leva de nuit, lui et tous ses serviteurs, et tous les Égyptiens ; et il y eut de grands cris en Égypte, car il n'y avait point de maison où il n'y eût un mort.*

C'est vraiment très violent et injuste de s'en prendre à un peuple qui les avait accueillis pendant plus de deux siècles. Imaginez que les immigrés et fils d'émigrés en France se révoltent et cassent tout parce que son leader a reçu un ordre d'Allah !

Dieu aurait dû tuer Ramsès II, ç'eût été plus rapide et plus juste. Mais Dieu a toujours préféré les hécatombes.

Finalement, le Pharaon cède face au terrorisme et 600.000 familles quittent le pays.

Il cède, mais pour récupérer tout ce que les Hébreux avaient emporté, il envoie son armée.

C'est le fameux **passage de la mer Rouge**.

Les enfants d'Israël entrèrent au milieu de la mer à sec, et les eaux formaient comme une muraille à leur droite et à leur gauche.

*L'Éternel précipita les Égyptiens au milieu de la mer. Les eaux revinrent, et couvrirent les chars, les cavaliers et toute l'armée de Pharaon, qui étaient entrés dans la mer après les enfants d'Israël ; et **il n'en échappa pas un seul.***

Pauvres soldats qui ne faisaient qu'obéir aux ordres. Je le répète, Dieu aurait dû faire assassiner le Pharaon. Il a des anges pour cela. Je pense aussi aux familles des soldats...

Arrivé au Sinaï, Moïse grimpe les pentes ardues pour retrouver son père éternel qui lui dictera les commandements à observer soigneusement. Sinon Dieu se met en colère.

*Quand Moïse monte sur la montagne, Dieu lui conseille de dire à son peuple : Gardez-vous de monter sur la montagne, ou d'en toucher le bord. **Quiconque touchera la montagne sera puni de mort.** On ne mettra pas la main sur lui, **mais on le lapidera,** ou on le **percera de flèches : animal ou homme, il ne vivra point.***

Comme il fallait faire croire au peuple que Moïse avait rendez-vous avec Dieu, on évita les témoins gênants.

°0°

Parmi les commandements que Dieu a donnés à Moïse, en voici quelques-uns :

*Tu ne te prosterneras point devant elles (les idoles), et tu ne les serviras point ; car moi, l'Éternel, ton Dieu, **je suis un Dieu jaloux,** qui punis l'iniquité des pères sur les enfants **jusqu'à la troisième et la quatrième génération** de ceux qui me haïssent, et qui fait miséricorde jusqu'en mille générations à ceux qui m'aiment et qui gardent mes commandements.*

*Tu n'affligeras point la veuve, ni l'orphelin. Si tu les affliges, et qu'ils viennent à moi, j'entendrai leurs cris ; ma colère s'enflammera, et **je vous détruirai par l'épée ; vos femmes deviendront veuves, et vos enfants orphelins.***

Dieu est jaloux. Il l'avoue lui-même mais il aime bien aussi se faire offrir des cadeaux :

Tu ne tarderas pas à m'offrir les prémices de ta moisson et de ta vendange.

Tu me donneras le premier-né de tes fils.

Phrase ambiguë que je cherche encore à comprendre...

L'affaire du veau d'or

Pendant que Moïse est sur le Sinaï : Le peuple, voyant qu'il tardait à redescendre, s'assemble autour d'Aaron (frère de Moïse), et lui dit :

Allons ! Fais-nous un dieu qui marche devant nous, car ce Moïse, cet homme qui nous a fait sortir du pays d'Égypte, nous ne savons ce qu'il est devenu. Aaron leur dit : Ôtez les anneaux d'or qui sont aux oreilles de vos femmes, de vos fils et de vos filles, et apportez-les-moi. Et tous ôtèrent les anneaux d'or qui étaient à leurs oreilles, et ils les apportèrent à Aaron. Il les reçut de leurs mains, jeta l'or dans un moule, et fit un veau en fonte. Et ils dirent : Israël ! voici ton dieu, qui t'a fait sortir du pays d'Égypte. Lorsque Aaron vit cela, il bâtit un autel devant lui, et il s'écria : Demain, il y aura fête en l'honneur de l'Éternel !

À mon avis, l'intention était charitable.

°0°

Et, comme il approchait du camp, il vit le veau et les danses. La colère de Moïse s'enflamma ; il jeta de ses mains les tables, et les brisa au pied de la montagne. Il prit le veau qu'ils avaient fait, et le brûla au feu ; il le réduisit en poudre, répandit cette poudre à la surface de l'eau, et fit boire les enfants d'Israël.

°0°

*Il leur dit : Ainsi parle l'Éternel, le Dieu d'Israël : Que chacun de vous mette son épée au côté ; traversez et parcourez le camp d'une porte à l'autre, et **que chacun tue son frère**, son parent. Les enfants de Lévi firent ce qu'ordonnait Moïse ; et **environ 3.000 hommes parmi le peuple périrent** en cette journée. Moïse dit : Consacrez-vous aujourd'hui à l'Éternel, même en sacrifiant votre fils et votre frère, afin qu'il vous accorde aujourd'hui une bénédiction.*

Je vous avais dit que Dieu aimait les hécatombes !

°0°

*Les fils d'Aaron, Nadab et Abihu, prirent chacun un brasier, y mirent du feu, et posèrent du parfum dessus ; ils apportèrent devant l'Éternel du feu étranger, ce qu'il ne leur avait point ordonné. Alors le feu sortit de devant l'Éternel, et les consuma : **ils moururent devant l'Éternel.***

*Les fils d'Aaron, Nadab et Abihu, prirent chacun un brasier, y mirent du feu, et posèrent du parfum dessus ; ils apportèrent devant l'Éternel du feu étranger, ce qu'il ne leur avait point ordonné. Alors le feu sortit de devant l'Éternel, et les consuma : **ils moururent devant l'Éternel.***

Sans commentaire.

°0°

*Vous ne suivrez point les usages des nations que je vais chasser devant vous ; car... **je les ai en abomination.***

Dieu leur interdit l'assimilation au mode de vie des autochtones. Il préfère qu'on les tue. C'est plus simple.

°0°

*Si un homme ou une femme ont en eux l'esprit d'un mort ou un esprit de divination, ils seront punis de mort ; **on les lapidera** : leur sang retombera sur eux.*

Dieu n'a jamais apprécié les sorcières.

*Tout homme qui aura un **défaut corporel** ne pourra s'approcher de l'autel des sacrifices : un homme aveugle, boiteux, ayant le nez camus ou un membre allongé ; un homme ayant une fracture au pied ou à la main ; un homme bossu ou grêle, ayant une tache à l'œil, la gale, une dartre ou **les testicules écrasés**. ... Il en sera de même pour **celui qui touchera une personne souillée** par le contact d'un cadavre, pour celui qui aura une pollution, pour celui qui touchera un reptile et en aura été souillé, ou un homme atteint d'une impureté quelconque et en aura été souillé.*

Discrimination envers les handicapés !

Vous en (de la viande) mangerez non pas un jour, ni deux jours, ni cinq jours, ni dix jours, ni vingt jours, mais un mois entier, jusqu'à ce qu'elle vous sorte par les narines et que vous en ayez du dégoût, parce que vous avez rejeté l'Éternel qui est au milieu de vous.
J'ignorais que le gavage fut une punition divine.

*Comme les enfants d'Israël étaient dans le désert, on trouva un homme qui ramassait du bois **le jour du sabbat**. Ceux qui l'avaient trouvé, ramassant du bois, l'amenèrent à Moïse, à Aaron, et à toute l'assemblée. **On le mit en prison**, car ce qu'on devait lui faire n'avait pas été déclaré. L'Éternel dit à Moïse : Cet homme sera **puni de mort**, toute l'assemblée le **lapidera** hors du camp. Toute l'assemblée le fit sortir du camp et le lapida, et **il mourut, comme l'Éternel l'avait ordonné à Moïse**.*
Je rappelle que le jour du Sabbat, personne ne doit travailler. Si tes enfants meurent de froid dans la chaumière, tant pis pour eux.
Et bravo pour ceux qui l'ont dénoncés. Dieu est content d'eux.

°0°

*Ils (Le peuple hébreu guidé par Moïse) partirent de la montagne de Hor par le chemin de la mer Rouge... Le peuple s'impatienta en route,.... Alors l'Éternel envoya contre le peuple **des serpents brûlants** ; ils mordirent le peuple, et il mourut beaucoup de gens en Israël.*
*Israël s'établit dans le pays des Amoréens. ... et ils prirent les villes de son ressort, et **chassèrent les Amoréens** qui y étaient.*
Pousse-toi de là, que je m'y mette.

*L'Éternel dit à Moïse : Ne le crains point (Og, le roi du pays envahi) ; car **je le livre entre tes mains**, lui et tout son peuple, et son pays ; tu le traiteras comme tu as traité Sihon, roi des Amoréens, qui habitait à Hesbon. Et ils le battirent, lui et ses fils, et tout son peuple, **sans en laisser échapper un seul**, et ils s'emparèrent de son pays.*

Les nazis pendant la guerre étaient des enfants de chœur.

Israël demeurait à Sitim ; et le peuple commença à se livrer à la débauche avec les filles de Moab. Elles invitèrent le peuple aux sacrifices de leurs dieux ; et le peuple mangea, et se prosterna devant leurs dieux.

*Israël s'attacha à Baal-Peor, et la colère de l'Éternel s'enflamma contre Israël. L'Éternel dit à Moïse : Assemble tous les chefs du peuple, et **fais pendre les coupables** devant l'Éternel en face du soleil, afin que la colère ardente de l'Éternel se détourne d'Israël. Moïse dit aux juges d'Israël : **Que chacun de vous tue** ceux de ses gens qui se sont attachés à Baal-Peor.*

Comme quoi, il ne faut jamais trop s'attacher. !

°0°

*Ils s'avancèrent contre Madian, selon l'ordre que l'Éternel avait donné à Moïse ; et **ils tuèrent tous les mâles**. Ils tuèrent les rois de Madian avec tous les autres, Evi, Rékem, Tsur, Hur et Réba, cinq rois de Madian ; ils tuèrent aussi par l'épée Balaam, fils de Beor.*

***Les enfants d'Israël firent prisonnières les femmes des Madianites avec leurs petits enfants, et ils pillèrent tout leur bétail**, tous leurs troupeaux et toutes leurs richesses. **Ils incendièrent toutes les villes qu'ils habitaient et tous leurs enclos. Ils prirent toutes les dépouilles et tout le butin,** personnes et bestiaux...*

Non, pas le bétail ! Ça peut resservir.

Le butin, reste du pillage de ceux qui avaient fait partie de l'armée, était de 675.000 brebis, 72.000 bœufs, 61.000 ânes, et **32.000 femmes vierges.**Une vierge égale 2 bœufs et 21 brebis.

C'est bon pour les échanges.

°0°

Parle aux enfants d'Israël, et dis-leur : Lorsque vous aurez passé le Jourdain et que vous serez entrés dans le pays de Canaan, **vous chasserez devant vous tous les habitants du pays, vous détruirez toutes leurs idoles** de pierre, vous détruirez toutes leurs images de fonte, et vous détruirez tous leurs hauts lieux. **Vous prendrez possession du pays,** et vous vous y établirez ; car je vous ai donné le pays, pour qu'il soit votre propriété. Vous partagerez le pays par le sort, selon vos familles.

Lorsque l'Éternel, ton dieu, t'aura fait entrer dans le pays dont tu vas prendre possession, et qu'il aura chassé devant toi beaucoup de nations - les Hittites, les Guirgasiens, les Amoréens, les Cananéens, les Phéréziens, les Herviens et les Jébusiens, sept nations plus nombreuses et plus puissantes que toi, **tu les voueras à la destruction.**

°0°

Tu supprimeras tous les peuples que l'Éternel, ton dieu, va te livrer.
Ton regard sur eux sera **sans pitié.**
Oui, tu as bien lu. Nous sommes toujours dans la Bible.

Sache aujourd'hui que l'Éternel, ton dieu, marchera lui-même devant toi comme un feu dévorant. **C'est lui qui les détruira, qui les humiliera** devant toi, et tu les chasseras, **tu les feras disparaître** rapidement, comme l'Éternel te l'a dit.
(Deutéronome 9.3)

°0°

Vous **détruirez** tous les endroits où les nations que vous allez **chasser** servent leurs dieux... Vous **démolirez** leurs autels. Vous **briserez** leurs statues, vous livrerez aux **flammes** leurs poteaux sacrés...

Quand tu t'approcheras d'une ville **pour l'attaquer, tu lui offriras la paix. Si elle accepte la paix, tu imposeras corvées et esclavage à tout le peuple qui s'y trouvera. Si elle n'accepte pas… alors, tu l'assiégeras. Et une fois que l'Éternel, ton dieu, l'aura livrée entre tes mains, tu feras passer tous ses hommes au fil de l'épée. Tu prendras pour toi les femmes, les enfants, le bétail…** (Deu 20.10)
Incroyable mais vrai !

Si tu n'obéis pas à l'Éternel … *tu seras* **maudit** *dans la ville et dans les champs. Ta corbeille et ta huche seront maudites. Tes enfants, le produit de ton sol et de ton bétail, tout cela sera maudit… l'Éternel enverra contre toi la* **malédiction**, *le* **trouble** *et la* **menace**, *au milieu de toutes les entreprises où tu t'engageras,* **jusqu'à ce que tu sois détruit et disparaisses** … *à cause de tes agissements, qui t'auras amené à m'abandonner. L'Éternel attachera la* **peste** *à toi jusqu'à ce qu'elle t'élimine du territoire… l'Éternel te frappera de* **dépérissement**, *d'***inflammation**, *de* **chaleur brûlante**, *de* **dessèchement**, *de rouille et de nielle.*

Tout cela te poursuivra jusqu'à ce que tu disparaisses. Le ciel au-dessus de ta tête sera de bronze, et la terre sous tes pieds sera de fer. En guise de pluie, l'Éternel enverra à ton pays **du sable et de la poussière,** *et il en descendra du ciel jusqu'à toi jusqu'à ce que tu sois détruit.*

L'Éternel te fera **battre par tes ennemis…** *Tu seras l'objet d'effroi pour tous les royaumes de la Terre.* **Ton cadavre servira de nourriture** *à tous les oiseaux du ciel… l'Éternel te frappera de l'ulcère qui a frappé les Égyptiens,* **d'hémorroïdes**, *(sic) de* **gale** *et de* **teigne** *et tu ne pourras pas en guérir. L'Éternel te frappera de* **délire, d'aveuglement, d'affolement,** *et tu tâtonneras en plein midi comme l'aveugle dans l'obscurité… Tu auras une fiancée et c'est un autre homme qui couchera avec elle. Tu construiras une maison et tu ne l'habiteras pas. Tu planteras une vigne et tu n'en jouiras pas.* **Ton bœuf sera égorgé sous tes yeux** *et tu n'en mangeras pas. Ton âne sera enlevé devant toi et on ne te le rendra pas. Tes brebis seront données à tes ennemis…*

Tes fils et tes filles seront livrés à un autre peuple... *Le spectacle que tu auras sous les yeux te rendra fou.*

*L'Éternel te frappera **aux genoux et aux cuisses d'un ulcère malin** dont tu ne pourras pas guérir. Il te frappera depuis la plante des pieds jusqu'au sommet de la tête.*

Tu répandras beaucoup de semence sur ton champ mais tu feras une faible récolte, car les sauterelles la dévoreront. Tu planteras des vignes mais tu ne boiras pas ton vin. Tu auras des oliviers sur tout ton territoire mais les olives tomberont. Tu auras des fils et des filles mais ils partiront en déportation. Les insectes prendront possession de tous tes arbres. L'étranger en séjour chez toi s'élèvera toujours plus au-dessus de toi et tu descendras toujours plus bas. Il sera la tête et toi la queue (sic)... Tu serviras, au milieu de la faim, de la soif, de la nudité et des privations générales, tes ennemis que l'éternel enverra contre toi.
Il t'imposera une domination inflexible jusqu'à ce qu'il t'ait détruit. Il fera partir de loin, des extrémités de la terre, une nation qui volera sur toi d'un vol d'aigle. Ce sera une nation dont tu ne comprendras pas la langue, une nation au visage dur, qui n'aura de respect pour le vieillard ni pitié pour l'enfant.

*Au milieu de **l'angoisse** et de la **détresse** où te réduira ton ennemi, **tu mangeras tes enfants, la chair de tes fils et de tes filles**... À chacun d'eux (ton frère et sa femme) il donnera à manger la chair de ses enfants...*
*Il te frappera, toi et ta descendance, de **fléaux extraordinaires**, il te frappera de fléaux importants et durables, de **maladies graves et tenaces...***

*De même que l'Éternel prenait du plaisir à vous faire du bien, **il prendra du plaisir à vous faire du mal**... l'Éternel te donnera un **cœur inquiet**, des **yeux affaiblis**, une **âme découragée**. Ta vie sera comme suspendue à un fil, tu trembleras la nuit et le jour, tu n'auras plus confiance dans l'existence. À cause de la frayeur qui remplira ton cœur et du spectacle que tes yeux verront, tu diras le matin :*

"Si seulement c'était le soir !" et tu diras le soir :
"Si seulement c'était le matin". (Deu 28.15 à 66)

J'en ai le souffle coupé !

L'Éternel parle de la famille de Jeshurun : **J'accumulerai les malheurs sur eux. Je tirerai toutes mes flèches contre eux. Ils seront desséchés par la faim, consumés par la fièvre et par des maladies violentes. J'enverrai contre eux la dent des bêtes féroces et le venin des serpents. Je les emporterai d'un souffle et je ferai disparaître leur souvenir parmi les hommes.**

°0°

Voyez donc que c'est moi qui suis Dieu et qu'il n'y a pas d'autres dieux que moi.

C'est moi qui fais vivre ou mourir, qui blesse et qui guéris...

Si j'aiguise **mon épée fulgurante** *et si ma main s'empare du jugement, je me vengerai de mes adversaires et je punirai ceux qui me détestent.* **Mon épée dévorera leur chair** *et j'enivrerai mes flèches de leur sang...*

Les trompettes de Jéricho

Le peuple poussa des cris, et les sacrificateurs sonnèrent des trompettes. Lorsque le peuple entendit le son de la trompette, il poussa de grands cris, et la muraille s'écroula ; le peuple monta dans la ville, chacun devant soi. Ils s'emparèrent de la ville, **et extermìnèrent, au fil de l'épée, tout ce qui était dans la ville, hommes et femmes, enfants et vieillards, jusqu'aux bœufs, aux brebis et aux ânes.**

Ils brûlèrent la ville *et tout ce qui s'y trouvait ; seulement, ils mirent dans le trésor de la maison de l'Éternel l'argent, l'or et tous les objets d'airain et de fer.*

Lorsqu'Israël eut achevé de tuer tous les habitants d'Aï *dans la campagne, dans le désert, où ils l'avaient poursuivi, et que **tous furent entìèrement passés au fil de l'épée**, tout Israël revint vers Aï et la frappa du tranchant de l'épée. **Il y eut au total 12.000 personnes tuées ce jour-là,** hommes et femmes, tous gens d'Aï. Josué ne retira point sa main qu'il tenait étendue avec le javelot, jusqu'à ce que **tous les habitants eussent été massacrés. Seulement Israël garda pour lui le bétail et le butin** de cette ville, selon l'ordre que l'Éternel avait prescrit à Josué. Josué brûla Aï, et en fit à jamais **un monceau de ruines**, qui subsiste encore aujourd'hui. Il fit pendre à un bois le roi d'Aï, et l'y laissa jusqu'au soir. Au coucher du soleil, Josué ordonna qu'on descendit son cadavre du bois.*

*Alors que les Amoréens fuyaient devant Israël, et qu'ils étaient à la descente, de David dit au Philistin : Aujourd'hui l'Éternel te livrera entre mes mains, **je t'abattrai et je te couperai la tête ;** aujourd'hui, je donnerai les cadavres du camp des Philistins aux oiseaux du ciel et aux animaux de la terre. Et toute la terre saura qu'Israël a un Dieu. Beth-Horon, l'Éternel fit tomber du ciel sur eux de grosses pierres jusqu'à Azéka, et ils périrent ; **ceux qui moururent par les pierres de grêle furent plus nombreux que ceux qui furent tués avec l'épée par les enfants d'Israël.***

David et ses gens montaient et faisaient des raids chez les Gueschuriens, les Guirziens et les Amalécites ; car ces nations habitaient dès les temps anciens la contrée, du côté de Schur et jusqu'au pays d'Égypte. David ravageait cette contrée ; il ne laissait en vie ni homme ni femme, et il enlevait les brebis, les bœufs, les ânes, les chameaux, les vêtements...

°0°

*Après cela, David battit les Philistins et **les humilia**, ... Il battit les Moabites, et il les mesura avec un cordeau, en les faisant coucher par terre ; il **en mesura deux cordeaux pour les livrer à la mort,** et un plein cordeau pour leur laisser la vie. Et les Moabites furent assujettis à David, et lui payèrent un tribut.*

°0°

Après cela, Josué les frappa, et les (le roi de Jérusalem, le roi d'Hébron, le roi de Jarmuth, le roi de Laquais, le roi d'Eglon) *fit mourir ; il **les pendit** à cinq arbres, et ils restèrent pendus aux arbres jusqu'au soir. Vers le coucher du soleil, Josué ordonna qu'on les descendit des arbres, on les jeta dans la caverne où ils s'étaient cachés, et l'on mit à l'entrée de la caverne de grosses pierres, qui y sont demeurées jusqu'à ce jour.*

°0°

*Josué prit Makéda le même jour, et la **frappa du tranchant de l'épée ; il tua le roi, la ville et tous ceux qui s'y trouvaient ; il n'en laissa aucun survivant,** et il traita le roi de Makéda comme il avait traité le roi de Jéricho.*

°0°

*L'Éternel dit à Josué : Ne les crains point, car demain, à ce moment-ci, **je les livrerai tous frappés devant Israël. Tu couperas les jarrets à leurs chevaux, et tu brûleras au feu leurs chars.***

Dans le même temps, Josué se mit en marche, et il extermina les Anakim de la montagne d'Hébron, de Debir, d'Anab, de toute la montagne de Juda et de toute la montagne d'Israël ; **Josué les extermina, avec leurs villes.**

Adoni-Bézek prit la fuite ; mais ils le poursuivirent et le saisirent, et **ils lui coupèrent les pouces des mains et des pieds.** Adoni-Bézek dit : 70 rois, ayant les pouces des mains et des pieds coupés, ramassaient sous ma table ; Dieu me rend ce que j'ai fait. On l'emmena à Jérusalem, et il y mourut.

°0°

Les enfants d'Israël firent encore ce qui déplaît à l'Éternel, après qu'Ehud fut mort. Et **l'Éternel les vendit entre les mains de Jabin**, roi de Canaan, qui régnait à Hatsor.

°0°

Va maintenant, frappe Amalek, et récupère tout ce qui lui appartient ; tu ne l'épargneras point, et **tu feras mourir hommes et femmes, enfants et nourrissons, bœufs et brebis, chameaux et ânes.**

Prophétie d'Ésaïe sur Babylone

Ils viennent d'un pays lointain, De l'extrémité des cieux : **l'Éternel et les instruments de sa colère vont détruire toute la contrée. Gémissez,** *car le jour de l'Éternel est proche : Il vient comme un* **ravage** *du Tout-Puissant. C'est pourquoi toutes les mains s'affaiblissent, et tout cœur d'homme est abattu. Ils sont frappés* **d'épouvante ;** *Les* **spasmes** *et les* **douleurs** *les saisissent ; ils se tordent comme une femme en travail ; ils se regardent les uns les autres avec stupeur ; Leurs visages sont enflammés.* **Voici, le jour de l'Éternel arrive, Jour cruel, jour de colère et d'ardente fureur,** *qui réduira la terre en solitude, et en* **exterminera les pécheurs.** *Car les étoiles des cieux et leurs astres ne feront plus briller leur lumière, Le soleil s'obscurcira dès son lever, Et la lune ne fera plus luire sa clarté. Je punirai le monde pour sa malice, Et les méchants pour leurs iniquités ; je ferai cesser l'orgueil des hautains, Et j'abattrai l'arrogance des tyrans. Je rendrai les hommes plus rares que l'or fin, je les rendrai plus rares que l'or d'Ophir. C'est pourquoi j'ébranlerai les cieux, et la terre sera secouée sur sa base, par la colère de l'Éternel des armées, au jour de son ardente fureur. Alors, comme une gazelle effarouchée, comme un troupeau sans berger, chacun se tournera vers son peuple, Chacun fuira vers son pays ; Tous ceux qu'on trouvera seront percés, Et tous ceux qu'on saisira* **tomberont par l'épée. Leurs enfants seront écrasés sous leurs yeux, leurs maisons seront pillées, et leurs femmes violées...**

Ce que le prophète Ésaïe rêve pour l'Égypte :

*Voici, l'Éternel est monté sur une nuée rapide, il vient en Égypte ; et les idoles de l'Égypte tremblent devant lui, et le cœur des Égyptiens tombe en défaillance. **J'armerai l'Égyptien contre l'Égyptien,** et l'on se battra frère contre frère, ami contre ami, ville contre ville, royaume contre royaume. L'esprit de l'Égypte disparaîtra du milieu d'elle, Et **j'anéantirai son conseil ;** On consultera les idoles et les enchanteurs, ceux qui évoquent les morts et ceux qui prédisent l'avenir. Et je livrerai l'Égypte entre les mains d'un maître sévère ; **un roi cruel dominera sur eux,** Dit le Seigneur, l'Éternel des armées. **Les eaux de la mer tariront,** Le fleuve deviendra sec et aride ; Les rivières seront infectées, Les canaux de l'Égypte seront bas et desséchés, Les joncs et les roseaux se flétriront. Ce ne sera que nudité le long du fleuve, à l'embouchure du fleuve ; Tout ce qui aura été semé près du fleuve se desséchera, se réduira en poussière et périra. **Les pêcheurs gémiront,** Tous ceux qui jettent l'hameçon dans le fleuve se lamenteront, Et ceux qui étendent des filets sur les eaux seront désolés. Ceux qui travaillent le lin peigné et qui tissent des étoffes blanches seront confus.*

*Les soutiens du pays seront dans l'abattement, Tous les mercenaires auront l'âme attristée. Les princes de Tsoan ne sont que des insensés, Les sages conseillers de Pharaon forment un conseil stupide... Les chefs des tribus égarent l'Égypte ; l'**Éternel a répandu au milieu d'elle un esprit de vertige**, pour qu'ils fassent chanceler les Égyptiens dans tous leurs actes, comme un homme ivre chancelle en vomissant. Et l'Égypte sera hors d'état de faire ce que font la tête et la queue, La branche de palmier et le roseau. En ce jour, l'**Égypte sera comme des femmes : elle tremblera et aura peur**, En voyant s'agiter la main de l'Éternel des armées, Quand il la lèvera contre elle. Et le pays de Juda sera pour l'Égypte un objet d'effroi...*

Ce qu'Ésaïe rêve pour Tyr :

*Voici, l'**Éternel dévaste le pays et le rend désert, il** en bouleverse la face et en **disperse les habitants**. Et il en est du sacrificateur comme du peuple, du maître comme du serviteur, de la maîtresse comme de la servante, du vendeur comme de l'acheteur, du prêteur comme de l'emprunteur, du créancier comme du débiteur. **Le pays est dévasté, livré au pillage ;** car l'Éternel l'a décrété. Le pays est triste, épuisé ; Les habitants sont abattus, languissants ; Les chefs du peuple sont sans force. **Le pays était profané par ses habitants ;** car ils transgressaient les lois, violaient les ordonnances, ils rompaient l'alliance éternelle. C'est pourquoi **la malédiction dévore le pays**, Et ses habitants portent la peine de leurs crimes ; **C'est pourquoi les habitants du pays sont consumés**, Et il n'en reste qu'un petit nombre. Le moût est triste, la vigne est flétrie ; Tous ceux qui avaient le cœur joyeux soupirent. La joie des tambourins a cessé, la gaîté bruyante a pris fin, la joie de la harpe a cessé. On ne boit plus de vin en chantant ; Les liqueurs fortes sont amères au buveur. **La ville déserte est en ruines ;** Toutes les maisons sont fermées, on n'y entre plus. On crie dans les rues, parce que le vin manque ; Toute réjouissance a disparu, L'allégresse est bannie du pays. La dévastation est restée dans la ville, et les portes abattues sont en ruines. Car il en est dans le pays, au milieu des peuples, Comme quand on secoue l'olivier, comme quand on grappille après la vendange. Ils élèvent leur voix, ils poussent des cris d'allégresse ; Des bords de la mer, ils célèbrent la majesté de l'Éternel. Glorifiez donc l'Éternel dans les lieux où brille la lumière, Le nom de l'Éternel, Dieu d'Israël, dans les îles de la mer ! De l'extrémité de la terre, nous entendons chanter : Gloire au juste ! Mais moi, je dis ; je suis perdu ! je suis perdu ! malheur à moi ! Les pillards pillent, et les pillards s'acharnent au pillage. La terreur, la fosse, et le filet, Sont sur toi, habitant du pays ! Celui qui fuit devant les cris de terreur tombe dans la fosse, Et celui qui remonte de la fosse se prend au filet ; car les écluses d'en haut s'ouvrent, Et les fondements de la terre sont ébranlés. La terre est déchirée, La terre se brise, La terre chancelle. La terre chancelle comme un homme ivre, elle vacille comme une cabane ; son péché pèse sur elle, elle tombe, et ne se relève plus. En ce temps-là, l'Éternel châtiera dans le ciel l'armée d'en haut, Et sur la terre les rois de la terre. Ils seront assemblés captifs dans une prison, ils seront enfermés dans des cachots, et, après un grand nombre de* jours, ils seront châtiés. La lune sera couverte de honte, et le soleil de confusion ; car l'Éternel des armées régnera Sur la montagne de Sion et à Jérusalem, Resplendissant de gloire en présence de ses anciens.

O Éternel ! tu es mon Dieu ; Je t'exalterai, je célébrerai ton nom, car tu as fait des choses merveilleuses ; Tes desseins conçus à l'avance se sont fidèlement accomplis.

Car **tu as réduit la ville en un monceau de pierres**, La cité forte en un tas de ruines ; La forteresse des barbares est détruite, Jamais elle ne sera rebâtie. C'est pourquoi les peuples puissants te glorifient, Les villes des nations puissantes te craignent.

°0°

Regarde, je t'établis aujourd'hui sur les nations et sur les royaumes, pour que tu arraches et que tu abattes, **pour que tu ruines et que tu détruises**, pour que tu bâtisses et que tu plantes.

°0°

C'est pourquoi ainsi parle le Seigneur, l'Éternel : **Voici, ma colère et ma fureur** se répandent sur ce lieu, **Sur les hommes et sur les bêtes, Sur les arbres des champs et sur les fruits de la terre ; Elle brûlera, et ne s'éteindra point.**

°0°

Celui qui traite son frère d'imbécile, doit être puni par le tribunal, et celui qui le traite de fou, mérite d'être **puni par le feu de l'enfer.**

Analyse

J'ose à peine reposer la question : Dieu est-il bon ?

Dieu m'apparaît, à la lecture des textes, en l'occurrence de l'Ancien Testament, comme un "être" jaloux et peu enclin à la bienveillance. Ce n'est pas Dieu qui a créé l'homme à son image, mais le contraire. C'est tellement évident. La majorité des êtres de cette planète ne cumule pas autant de défauts.

Tu vas me dire : *"Oui, mais c'était une autre époque !"*
Je n'ai jamais entendu dire que le dieu Mardouk des Mésopotamiens était aussi violent et revanchard. Je doute que Jupiter, le dieu des Romains, ait commis d'aussi atroces carnages. Zeus était un peu coléreux, mais n'a jamais été responsable d'un génocide comme le déluge.

Tu vas me dire : *"C'est une image, ce n'est pas l'exacte vérité".*
C'est la vérité. Enfin, c'est ce que disent les Chrétiens. On ne fait pas de guerre, on ne fait pas de conquête, on ne colonise pas des pays habités sans faire de morts. Les peuples attaqués se défendent et c'est normal. Je regrette qu'un dieu soit associé à toutes ces exactions.

Tu vas aussi me dire : *"Ce n'est pas notre dieu, c'est celui des Hébreux".* Je te rappellerai que nous avons exactement le même. Il n'y a que Jésus-Christ qui diffère.

Pour ma part, je ne m'identifie pas du tout à ce dieu barbare. Je suis même gêné d'apprendre tous ces méfaits. J'aurai honte vis-à-vis d'un dieu asiatique, ou d'un hindouiste.

Objectivement, Dieu n'est pas bon.

Il est coléreux, jaloux, exterminateur, inhumain, autoritaire, méchant, possessif, vengeur, sectaire, brutal, malfaisant, enragé, punitif, violent, agressif, barbare, persécuteur, intolérant, cruel, destructeur, sadique, injuste, cynique, belliqueux, démesuré, féroce, impitoyable, sanguinaire, tyrannique...

J'adresse toutes mes excuses auprès des adjectifs que j'aurais oubliés.

La Bible dit-elle la vérité ?

Selon le livre de la **Genèse**, dans l'ancien testament, le monde a été créé en 6 jours et Dieu s'est reposé le septième.

James Ussher, un ecclésiastique irlandais du seizième siècle, s'est appuyé sur les versets de la Bible qui donnent l'âge de chacun des ancêtres de J.C., pour évaluer l'âge de la création. Il arrive à 4.004 années. Ce qui ferait au vingt et unième siècle une terre et des hommes datant de 4.500 ans !

Il existe aujourd'hui des sectes chrétiennes qui pensent que la Bible dit vrai. **Les créationnistes**, surtout présents aux États-Unis. Ils réfutent les théories de Darwin et les travaux des chercheurs contemporains qui datent la création de l'univers à 13,7 milliards d'années et la création de la terre à 4,5 milliards d'années.

Il est établi également que l'homme descend du singe, qu'il y eut deux espèces d'hommes, les Cro-Magnons et les Néandertaliens.

Faisons l'homme à notre image, nous dit Dieu. Nous savons très bien que depuis la civilisation grecque, c'est le contraire. L'homme fait Dieu à son image. Physiquement et moralement.
Comme Dieu a aussi créé les Africains, était-il noir avec les cheveux frisés ? Ou jaune avec les yeux bridés ? Blond aux yeux bleus ? Ça, c'est mieux.

Le minimum de réflexion intelligente ne conclut pas que Dieu puisse ressembler à un Homme, tellement imparfait. Donc Dieu n'a pas créé l'homme à son image. Donc la Bible ne dit pas la vérité.
L'Éternel façonna l'homme avec la poussière de la Terre.

Même un élève de 12 ans, qui ne croit plus au Père Noël, ne pourrait pas souscrire à ce qu'il lirait dans la Bible. Sauf si des adultes lui mentent, car les grandes personnes ont toujours raison.

°0°

L'Éternel Dieu dit au serpent : Puisque tu as fait cela, tu seras maudit entre tout le bétail et entre tous les animaux des champs, tu marcheras sur ton ventre, et tu mangeras de la poussière tous les jours de ta vie.

Dieu parle avec un serpent, est-ce possible ? S'il a été condamné à marcher sur son ventre, c'est qu'avant, il marchait sur ses pattes.
*Adam, **âgé de 130 ans**, engendra un fils à sa ressemblance, selon son image, et il lui donna le nom de Seth. Les jours d'Adam, après la naissance de Seth, furent de **800 ans ;** et il engendra des fils et des filles. Tous les jours qu'Adam vécut furent de **930 ans.***

Penses-tu vraiment que ces hommes, aussi sages soient-ils, puissent vivre plus de 100 ans ?

À l'époque de l'arche de Noé :

Les géants étaient sur la terre en ces temps-là, après que les fils de Dieu furent venus vers les filles des hommes.

Les géants n'existent pas. Sauf dans les contes de Jonathan Swift.

°0°

*Éternel dit à Noé : Entre dans l'arche, toi et toute ta maison ; car je t'ai vu juste devant moi parmi cette génération. Tu prendras auprès de toi sept couples de tous les animaux purs, le mâle et sa femelle ; une paire des animaux qui ne sont pas purs, le mâle et sa femelle ; **sept couples aussi des oiseaux du ciel, mâle et femelle,** afin de conserver leur race en vie sur la face de toute la terre.*

*Car, encore sept jours, et je ferai pleuvoir sur la terre quarante jours et quarante nuits, et **j'exterminerai de la face de la terre tous les êtres que j'ai faits.***

Il y a environ 10 millions d'espèces différentes sur Terre et peut-être davantage à cette époque de non-pollution. Comme Noé prenait un couple à chaque fois, cela fait 20 millions d'êtres vivants. Impossible à faire entrer sur une arche dont la Bible donne les mesures exactes.

*Noé avait **600 ans** lorsque le déluge frappa la Terre.*
Est-ce que tu le crois ?

°0°

*Les fils de Noé, qui sortirent de l'arche, étaient Sem, Cham et Japet. Cham fut le père de Canaan. Ce sont là les trois fils de Noé, et **c'est leur postérité qui peupla toute la terre.***

Tout le Moyen-Orient, je veux bien mais toute la Terre...
À propos de la tour de Babel :

Toute la terre avait une seule langue *et les mêmes mots.*

Faux ! Il y a aujourd'hui environ 7.000 langues différentes, sans parler des dialectes. Beaucoup sont mortes. Il aurait pu y en avoir 40.000 à l'époque.

Dieu pense être le centre du monde et le seul à exister sur Terre. Dieu ou ceux qui ont écrit la Bible.

Analyse

Je passerai rapidement sur les ciels qui deviennent noirs, les anges qui apparaissent, la voix de Dieu qui tonne, les buissons qui s'enflamment, les mers qui reculent, le pain qui tombe des cieux, l'eau qui sort du rocher, le serpent qui parle, les trompettes qui sonnent toutes seules, l'eau qui se change en vin, l'enfantement d'une vierge, la guérison d'un paralytique, la résurrection de Jésus, la résurrection des morts...
La Bible en est truffée.

La plupart de ses propos sont exagérés, enjolivés et faussés par la méconnaissance de la science et de la physique. Les récits s'adressaient à une population ignorante et naïve qui avait besoin d'histoires merveilleuses pour croire.

Les livres sacrés des autres religions - mis à part ceux des monothéistes qui affirment dire la vérité - reconnaissent le romanesque de leurs écrits. Leurs histoires incitent au courage, à la probité, à la grandeur d'âme, à la pureté des sentiments, à la bienveillance.

La Bible n'a pas été écrite comme un livre d'histoire (bien qu'il comporte des vérités historiques). Elle a été écrite pour donner de la fierté à un peuple dispersé, du courage et surtout pour veiller à ce qu'ils ne soient pas séduits par d'autres dieux que le dieu unique Yahvé.
Comme dans une campagne électorale, les promesses et les vérités n'engagent que ceux qui y croient.

Tu vas me dire : *Oui, mais toute cette violence est allégorique !*
(Façon d'utiliser un symbole, une figure de style qui permet de mieux comprendre un concept, une idée, une abstraction grâce à une histoire, une métaphore ou une image.)

Je suis d'accord, je peux très bien apprécier la Bible comme un livre ancien, mais non comme un ouvrage de référence sur ma religion.

Il est possible de croire en Dieu
sans croire à la Bible.

Guérir, marcher sur l'eau, ressusciter un mort, c'est impossible !

Tu vas me dire : *Oui, mais ce sont des miracles.*

C'est un peu trop facile. Si l'on expliquait l'inexplicable et le mensonge évident par le miracle, la vie ne serait plus possible. Imagine : *"C'est toi qui m'as volé mon portefeuille ? Non, il a disparu par miracle."*

D'ailleurs, il est bien curieux qu'il n'y en ait plus au XXIe siècle.

Dieu nous a-t-il oubliés ?

Mais non, les religieux vous répondront que l'homme n'en est plus digne. Accuser ! Culpabiliser ! Il en restera quelque chose.

La Grosse manipulation
ou comment s'y prend-on
pour nous convaincre ?

Par le mensonge, comme nous l'avons vu précédemment, mais pas que :

Par les fausses promesses

Déjà, la promesse de la vie éternelle est une grosse et fausse promesse.

*Voici les miracles qui accompagneront **ceux qui auront cru** : en mon nom, ils **chasseront les démons** ; ils **parleront de nouvelles langues** ; ils **saisiront des serpents** ; s'ils boivent quelque breuvage mortel, il ne leur fera point de mal ; **ils imposeront les mains aux malades**, et les malades, seront guéris.*

Je ne sais pas si le rédacteur de ce verset (Marc 16.17) a relu son texte avant de le porter à son éditeur. J'ai cru en Dieu pendant des années, mais je n'ai jamais réussi aucun miracle. Et j'ai toujours eu peur des serpents.
Ne jugez point, et vous ne serez point jugés ; ne condamnez point, et vous ne serez point condamnés ; absolvez, et vous serez absous. Donnez, et il vous sera donné.

Si c'était si simple… !
Comment l'expliquer aux habitants chassés ou assassinés des pays conquis ?

*Car **Dieu a tant aimé le monde** qu'il a donné son Fils unique, afin que quiconque croit en lui ne périsse point, mais qu'il ait la vie éternelle.*

Le Monde, sauf les ennemis d'Israël et les Égyptiens.
*En vérité, en vérité, je vous le dis, l'heure vient, et elle est déjà venue, où les morts entendront la voix du Fils de Dieu ; et ceux qui l'auront entendue vivront.... Ne vous étonnez pas de cela ; car l'heure vient où **tous ceux qui sont dans les tombeaux entendront sa voix, et en sortiront.***

"Les morts entendront la voix de Jésus." La bible nous demande de croire que les morts peuvent entendre et, puisque nous sommes tous des naïfs, que les morts vont ressusciter. Je sais que c'est la promesse ultime du livre sacré. Et pourquoi Jésus dit-il : "l'heure vient et elle est **déjà** venue" ? Elle est venue il y a longtemps ? Elle est déjà venue, maintenant ? Dans les deux cas, c'est un mensonge.

*Jésus leur dit : Je suis le pain de vie. **Celui qui vient à moi n'aura jamais faim,** et celui qui croit en moi n'aura jamais soif.*

Faim et soif... de spiritualité ?
°0°

Jésus, faisant le fier à bras, prétend que ses disciplines ne le quitteront jamais.

Mes brebis entendent ma voix ; je les connais, et elles me suivent. Je leur donne la vie éternelle ; et elles ne périront jamais, et personne ne les ravira de ma main.

Décryptons :
- "Dès que mes disciples entendent ma voix,
 ils me mangent dans la main.
- Comment ?
- Je leur promets **la vie éternelle**".

*Jésus dit : Je suis la résurrection et la vie. **Celui qui croit en moi vivra, quand même, il serait mort ;** et quiconque vit et croit en moi ne mourra jamais.*

Car, si nous croyons que Jésus est mort et qu'il est ressuscité, croyons aussi que Dieu ramènera par Jésus et avec lui ceux qui sont morts.

Jésus est sur la croix :

*S'étant approchés de Jésus, et le voyant déjà mort, ils ne lui rompirent pas les jambes ; mais un des soldats lui perça le côté avec une lance, et **aussitôt, il sortit du sang et de l'eau.** Celui qui l'a vu en a rendu témoignage, et son témoignage est vrai ; et il sait qu'il dit vrai, afin que vous croyiez aussi.*

Bien sûr qu'il soit curieux, voire impossible, que de l'eau coule d'un corps blessé. Le rédacteur était aussi dans le doute puisqu'il n'assume pas en être le témoin et rejette le témoignage sur un autre que lui. Il a même du mal à avérer ce témoignage en bredouillant : *son témoignage est vrai ; et il sait qu'il dit vrai, afin que vous croyiez aussi.*

°0°

*Ils produisirent de faux témoins, qui dirent : Cet homme ne cesse de proférer des paroles contre le lieu saint et contre la loi ; car nous l'avons entendu dire que Jésus, **ce Nazaréen, détruira ce lieu**, et changera les coutumes que Moïse nous a données.*

Les témoins n'étaient pas faux puisque Jésus l'a annoncé lui-même.

Pour la résurrection des morts, Le corps est semé corruptible, il ressuscite incorruptible. Il est semé, méprisable, il ressuscite, glorieux. Il est semé faible, il ressuscite fort.

Cela concerne la résurrection des morts **juifs**. Pas les autres.

Par le maintien de l'Homme dans l'ignorance

Pour soumettre une population, il faut la fustiger souvent et surtout l'empêcher de devenir intelligente, de réfléchir. C'est d'ailleurs une des bases de la soumission dans les sectes. Remarquez, à l'époque de la Bible, le Judaïsme et le Christianisme étaient encore des sectes.

La religion catholique (je la prends au hasard) a toujours été en conflit avec les scientifiques et les philosophes. Les ministres de Dieux détiennent une vérité indiscutable. Les philosophes réfléchissent et arrivent fréquemment à des conclusions qui n'arrangent pas monsieur Dieu.

L'Inquisition a condamné Galilée qui affirmait que la terre était ronde, ainsi que d'autres scientifiques.

Giordano BRUNO, Spinoza ont été condamnés à mort. L'Encyclopédie de Diderot Interdite…

À propos de l'arbre de la connaissance du bien et du mal que Dieu avait interdit à Adam et Eve :

La femme vit que l'arbre était porteur de fruits bons à manger…
précieux pour ouvrir l'intelligence.

On se demande pourquoi Dieu a interdit à ses enfants d'ouvrir leur intelligence. Nous savons maintenant que Dieu est jaloux. Mais quand même. En mangeant le fruit défendu, ils ont conquis leur libre-arbitre mais Dieu, jaloux et vengeur, les laissera-t-il en profiter ?

Vous vous circoncirez ; et ce sera un signe d'alliance entre moi et vous.

Dieu demande aux hébreux de pratiquer une amputation de leur corps, afin d'être protégé par lui !

Tu vas me dire : *Oui, mais la circoncision est un bon moyen d'éviter les maladies vénériennes.* C'est vrai. Quelqu'un de sale, qui ne se lave jamais les parties génitales, risque davantage d'attraper une maladie. Mais les Juifs ne se lavent-ils pas ? Aujourd'hui ?

Les trois-quarts de la population mondiale n'est pas circoncis et pourtant, n'est pas plus malade. C'est une méthode barbare. Comme l'excision en Afrique.

*Quand l'Éternel t'aura fait entrer dans le pays des Cananéens, comme il l'a juré à toi et à tes pères, **et qu'il te l'aura donné**, tu consacreras à l'Éternel tout premier-né, même tout premier-né des animaux que tu auras : les mâles appartiennent à l'Éternel.*

Dieu prend son tribut. Un esprit mal intentionné pourrait y lire que Dieu demandait le premier des enfants... puisqu'il prend le soin de rajouter : "même... des animaux". Mystère !

*Maintenant, si vous écoutez ma voix, et si vous gardez mon alliance, **vous m'appartiendrez entre tous les peuples, car toute la terre est à moi.***

L'homme est relégué au niveau de l'objet. Il y a un propriétaire et un possédé. Un peu mégalo le Bon Dieu !

°0°

*Moïse dit au peuple : Ne vous effrayez pas ; **car c'est pour vous mettre à l'épreuve que Dieu est venu**, et c'est pour que vous ayez sa crainte devant les yeux, afin que vous ne péchiez point.*

Autre stratégie de Dieu : mettre ses "collaborateurs" à l'épreuve. Nous avons encore en mémoire l'épreuve qu'il a fait subir à Abraham en lui demandant d'égorger son fils. On peut dire aussi qu'il gouverne par la crainte et la terreur.

Celui qui offre des sacrifices à d'autres dieux qu'à l'Éternel seul sera voué à l'extermination.

Des menaces, encore des menaces !

L'Éternel parla à Moïse, et dit : Parle aux enfants d'Israël. Qu'ils m'apportent une offrande ; vous la recevrez pour moi de tout homme qui la fera de bon cœur. Voici ce que vous recevrez d'eux en offrande : de l'or, de l'argent et de l'airain ; des étoffes teintes en bleu, en pourpre, en cramoisi, du fin lin et du poil de chèvre ; des peaux de béliers teintes en rouge et des peaux de dauphins ; du bois d'acacia ; de l'huile pour le chandelier, des aromates pour l'huile d'onction et pour le parfum odoriférant ; des pierres d'onyx et d'autres pierres pour la garniture de l'éphod et du pectoral. Ils me feront un sanctuaire, et j'habiterai au milieu d'eux.
Dieu est exigeant et ne cache pas sa gourmandise.

°0°

Voici ce que tu offriras sur l'autel : deux agneaux d'un an, chaque jour, à perpétuité. Tu offriras l'un des agneaux le matin, et l'autre agneau entre les deux soirs. Tu offriras, avec le premier agneau, un dixième d'épha de fleur de farine pétrie dans un quart de hin d'huile d'olives concassée, et une libation d'un quart de hin de vin. Tu offriras le second agneau entre les deux soirs, avec une offrande et une libation semblables à celles du matin ; c'est un sacrifice consumé par le feu, d'une agréable odeur à l'Éternel. Voilà l'holocauste perpétuel qui sera offert par vos descendants.

Occupez l'homme en sacrifices et en prière,
il n'aura pas le temps de réfléchir.
Vous serez saints pour moi, car je suis saint, moi, l'Éternel ; je vous ai séparés des peuples, afin que vous soyez à moi.

Encore une stratégie qui empêche l'assimilation. Moins ils auront de contacts avec l'extérieur, moins ils seront tentés par d'autres religions, plus ils resteront juifs. Dieu est vraiment trop possessif. Une véritable mère juive !

*Ils observeront mes commandements, de peur qu'ils ne portent la peine de leur péché, et **qu'ils ne meurent,** pour avoir profané les choses saintes. Je suis l'Éternel, qui les sanctifie.*

Nous arrivons maintenant au chantage : tu m'obéis ou je te bute.
*Les terres ne se vendront point à perpétuité ; car **le pays est à moi, car vous êtes chez moi comme étrangers** et comme habitants.*

Pervers narcissique ?!

°0°

L'Éternel parla à Moïse, et dit : Donne cet ordre aux enfants d'Israël, et dis-leur : Vous aurez soin de me présenter, au temps fixé, mon offrande, l'aliment de mes sacrifices consumés par le feu, et qui me sont d'une agréable odeur.

*Reconnais que l'Éternel ton dieu,
t'éduque **comme un homme éduque un enfant***
(Deutéronome 8.15)

°0°

*La crainte de l'Éternel enseigne la sagesse,
et **l'humilité** précède la gloire.*

Heureux les pauvres en esprit, *car le royaume des cieux est à eux !*

°0°

Laissez les petits enfants, et ne les empêchez pas de venir à moi ; car le royaume des cieux est pour ceux qui leur ressemblent.

Par la culpabilisation

*Après qu'Adam ait mangé le fruit défendu, il a **honte de sa nudité.***

°0°

Elle enfantera un fils, et tu lui donneras le nom de Jésus ; c'est lui qui sauvera son peuple de ses péchés.

Dieu, dans toute sa miséricorde (allons voir dans le dictionnaire ce que signifie "miséricorde" : *Pitié par laquelle on pardonne aux coupables.)* Ça lui va comme un gant) est persuadé que tous les hommes sont des pécheurs. Des hommes tellement mauvais qu'il est obligé d'envoyer son propre fils au casse-pipe pour sauver l'humanité.

Était-ce bien nécessaire de sacrifier son enfant ? Dieu l'avait déjà demandé à Abraham, mais pour son propre fils, il pourrait faire preuve de miséricorde. Il ne fit pas.

Je me suis toujours demandé pourquoi. J'ai une hypothèse. Elle vaut ce qu'elle vaut. Cet épisode de la vie du Christ doit servir de modèle aux pauvres malheureux. "Tu souffres, homme du peuple ? Eh bien, sache que mon fils a souffert beaucoup plus que toi. Accepte donc ta souffrance et les dirigeants qui te gouvernent".

Je vous dis que quiconque regarde une femme pour la convoiter a déjà commis un adultère avec elle dans son cœur.

Alors, il se mit à faire des reproches aux villes dans lesquelles avaient eu lieu la plupart de ses miracles, parce qu'elles n'avaient pas changé d'attitude.

On n'est pas loin de penser que le Christ a guéri, non pas par humanité, mais pour obtenir des conversions.

*Jésus... dit au paralytique : Mon enfant, **tes péchés sont pardonnés**... il se leva, prit son lit, et sortit en présence de tout le monde.*

Une petite phrase pour beaucoup de signification.

<u>Décryptons</u>   :

"Mon enfant, si tu es paralysé, c'est à cause de tes péchés". Et pour les spectateurs : "si vous ne voulez pas être paralysés, il vaut vous convertir".

°0°

*Veillez et priez, afin que vous ne tombiez pas en tentation ; l'esprit est bien disposé, mais **par nature l'homme est faible.***

Tape sur ton peuple, il te mangera dans la main.

°0°

Le lendemain, il vit Jésus venant à lui, et il dit :
*Voici l'Agneau de Dieu, **qui ôte le péché du monde.***

Parce qu'il est indispensable que le monde soit peuplé de pécheurs pour les soumettre plus facilement par la rédemption.

*Aimez vos ennemis, faites du bien à ceux qui vous haïssent, bénissez ceux qui vous maudissent, priez pour ceux qui vous maltraitent. **Si*** *quelqu'un te frappe sur une joue, présente-lui aussi l'autre.* Si quelqu'un prend ton manteau, ne l'empêche pas de prendre encore ta tunique. Donne à quiconque te demande, et **ne réclame pas ton bien à celui qui s'en empare.**

Les conseilleurs ne sont pas les payeurs. Dieu s'est-il comporté de la sorte pendant la période des conquêtes ?

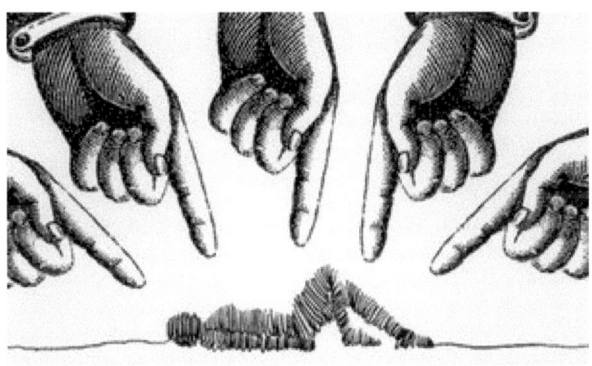

Par la menace et l'humiliation

Quand on aime quelqu'un, on ne doute pas de lui éternellement. C'est comme un mari jaloux qui enverrait des lettres d'amour anonymes à sa femme pour épier son comportement.

*Alors Jésus fut emmené par l'Esprit dans le désert, **pour être tenté** par le diable.*

Dieu qui sait tout, même ce que nous ne savons pas, aurait dû savoir que son fils, qui détient officiellement le titre, non pas de demi-dieu, mais de Dieu à part entière, ne tomberait pas dans le panneau.

°0°

*Dès ce moment, Jésus commença à prêcher, et à dire : **Repentez-vous**, car le royaume des cieux est proche.*

Le royaume des cieux correspond à la résurrection des morts, après l'Apocalypse. Nous en parlerons plus tard.

Décryptons :

"Repentez-vous" signifie *"abjurez vos péchés."* Le fils est comme le Père. Il prend les autres pour des pécheurs. Sauf les 12 et sauf maman.
Abjurez vos péchés signifie : *"Quittez votre religion pour me suivre"*.

"Car le royaume des cieux est proche" signifie : *"si vous ne le faites pas, vous ne serez pas ressuscités"*. C'est du billard à trois bandes.

*Jésus parcourait toute la Galilée, **enseignant dans les synagogues**, prêchant la bonne nouvelle du royaume, et guérissant toute maladie et toute infirmité parmi le peuple.*

Jésus était apôtre lui-même et chassait sur le territoire des autres sectes. Imaginez un musulman entrant dans une église pour convertir les fidèles à Islam. Jésus n'a pas dû se faire que des amis.

*Hommes réfractaires, **incirconcis de cœur et d'oreilles !** vous vous opposez toujours au Saint-Esprit.*

C'est tout juste s'il n'a pas dit : Sales Goys !

Tout et son contraire :

*Que personne, lorsqu'il est tenté, ne dise : C'est Dieu qui me tente. Car Dieu ne peut être tenté par le mal, et **il ne tente lui-même personne**.*

°0°

**Si vous ne vous convertissez pas...
vous ne rentrerez pas dans le royaume des Cieux.**

°0°

Et quiconque aura quitté, à cause de mon nom, ses frères, ou ses sœurs, ou son père, ou sa mère, ou sa femme, ou ses enfants, ou ses terres, ou ses maisons, recevra le centuple, et héritera la vie éternelle. Plusieurs des premiers seront les derniers, et plusieurs des derniers seront les premiers.

Devenir Chrétien coûte très cher ! Ça ne m'étonne pas que les apôtres ont eu du mal à faire adhérer le peuple à ses idées.

Ma fille, ta foi t'a sauvée.

Ce qui sauve, en général, c'est le travail, le courage, l'effort, la force morale ou physique, le talent, la patience, la persévérance, la prudence...
Jésus essaie de nous vendre que la foi peut tout sauver. En fait, il déresponsabilise l'individu en insufflant sournoisement une pensée magique.

*Allez par tout le monde, et prêchez la bonne nouvelle à toute la création. **Celui qui croira et qui sera baptisé sera sauvé, mais celui qui ne croira pas sera condamné.***

°0°

*Comme il parlait encore, survint de chez le chef de la synagogue quelqu'un disant : Ta fille est morte ; n'importune pas le maître. Mais Jésus, ayant entendu cela, dit au chef de la synagogue : Ne crains pas, **crois seulement, et elle sera sauvée.***
J'aurais aimé que Jésus sauve aussi ceux qui ne croient pas en Dieu, ou dans un autre dieu.

°0°

*Et moi, je vous dis : Demandez, et l'on vous donnera ; cherchez, et vous trouverez ; frappez, et l'on vous ouvrira. Car **quiconque demande reçoit,** celui qui cherche trouve, et l'on ouvre à celui qui frappe.*
Et demain, on rase gratis !

*Repentez-vous donc et **convertissez-vous,**
pour que vos péchés soient effacés.*

°0°

*Voici, tu as été guéri ; **ne pèche plus, de peur qu'il ne t'arrive quelque chose de pire.*** (Jean 5.14)

La volonté de mon Père, c'est que **quiconque voit le Fils et croit en lui**
ait la vie éternelle ; et je le ressusciterai au dernier jour.

°0°

Beaucoup de gens, surtout parmi les prêtres juifs, ne croyaient pas
que Jésus était le fils de Dieu. Il utilisa, pour leur répondre, une
entourloupe des plus belles manières en guise d'argument :

Il est écrit dans votre loi que le témoignage de deux hommes est vrai ;
je rends témoignage de moi-même, et le Père qui m'a envoyé rend
témoignage de moi.
(Jean 8.17)

"Monsieur le commissaire, je vous dis que le mercredi 23 février, je
faisais une partie de poker avec Jojo de Nazareth. J'en ai 2 preuves : la
mienne et celle de Jojo."

Si vous ne croyez pas ce que je suis, **vous mourrez dans vos péchés.**
Bien fait !
°0°

Theudas est un prophète Juif qui vécut plus longtemps que Jésus. Il
faisait de nombreux miracles et se prétendait le Messie. Son service
de presse était sans doute moins efficace que celui de son
concurrent. Judas le Galiléen en était un autre.

Puis, il leur dit : Hommes Israélites, prenez garde à ce que vous allez
faire à l'égard de ces gens. Car, il n'y a pas longtemps que parut
Theudas, qui se donnait pour quelque chose, et auquel se rallièrent
environ 400 hommes : il fut tué, et tous ceux qui l'avaient suivi furent
mis en déroute et réduits à rien.
Après lui, parut Judas le Galiléen, à l'époque du recensement, et il
attira du monde à son parti : il périt aussi, et tous ceux qui l'avaient

suivi furent dispersés. Et maintenant, je vous le dis, ne vous occupez plus de ces hommes, et laissez-les aller. Si cette entreprise ou cette œuvre vient des hommes, elle se détruira.

"Ces gens-là" signifie les prédicateurs des sectes concurrentes. Le message est clair. Theudas a réussi à convertir 400 personnes. Il fut tué. Par qui ? Devinez !
Et ses disciples molestés. Judas, qui attirait encore plus de monde : zigouillé. Ceux qui l'écoutaient, dispersés façon puzzle. Vous voyez ce que je veux dire ?!
*Je veux vous rappeler ... que le Seigneur, après avoir sauvé le peuple et l'avoir tiré du pays d'Égypte, **fit ensuite périr les incrédules ;** qu'il a réservé pour le jugement du grand jour, **enchaînés éternellement par les ténèbres.***

Nous ne sommes pas loin des pratiques de la mafia.

°0°

*Les enfants d'Israël firent ce qui déplaît à l'Éternel, ils oublièrent l'Éternel, et ils servirent les Baals et les idoles. La colère de l'Éternel s'enflamma contre Israël, et **il les vendit entre les mains de Cushman-Rischeathaïm,** roi de Mésopotamie. Et les enfants d'Israël furent asservis 8 ans à Cushan-Rischeathaïm.*

°0°

*Les enfants d'Israël firent encore ce qui déplaît à l'Éternel ; et l'Éternel fortifia Eglon, roi de Moab, contre Israël, parce qu'ils avaient fait ce qui déplaît à l'Éternel. Eglon réunit à lui les fils d'Ammon et les Amalécites, et il se mit en marche. Il battit Israël, et ils s'emparèrent de la ville des palmiers. **Et les enfants d'Israël furent asservis 18 ans à** Eglon, roi de Moab.*

*La colère de l'Éternel s'enflamma contre Israël, et **il les vendit entre les mains des Philistins** et entre les mains des fils d'Ammon. Ils opprimèrent et écrasèrent les enfants d'Israël cette année-là, et pendant dix-huit ans tous les enfants d'Israël qui étaient de l'autre côté du Jourdain, dans le pays des Amoréens en Galaad.*

Une des syntaxes de la bible est la suivante :
si tu gagnes, c'est grâce à moi, si tu perds, c'est que tu as péché.

°0°

On peut lire aussi dans la Bible :

*Celui qui est prompt à la **colère** fait des sottises.*

Sauf Dieu, bien sûr ?

Par une stratégie "marketing"

Il appela ceux qu'il voulut, et ils vinrent auprès de lui. Il en établit douze (apôtres), pour les avoir avec lui, et pour les envoyer prêcher avec le pouvoir de chasser les démons.

Ce verset laisse à penser que Jésus a choisi ses 12 apôtres parmi des "chasseurs de démons", donc des magiciens, des prestidigitateurs et certainement de bons orateurs charismatiques. Un des meilleurs moyens de saper la concurrence est d'embaucher ses meilleurs éléments.

Ces réflexions en amènent une autre : qu'est-ce que Jésus a offert à ces douze cadors pour obtenir leur ralliement ? Nous le découvrirons peut-être plus tard.

°0°

Allez, faites de toutes les nations des disciples, les baptisant au nom du Père, du Fils et du Saint-Esprit, et enseignez-leur à observer tout ce que je vous ai prescrit. Et voici, je suis avec vous tous les jours, jusqu'à la fin du monde.

L'ordre de développer l'évangélisation vient de Dieu lui-même. Excellente excuse pour armer tous les pays chrétiens qui se lancèrent dans la colonisation au dix-neuvième siècle. Un djihad chrétien.

Puis, il leur dit : Dans quelque maison que vous entriez, restez-y jusqu'à ce que vous partiez de ce lieu. Et, s'il y a quelque part des gens qui ne vous reçoivent ni ne vous écoutent, retirez-vous de là, et **secouez la poussière de vos pieds,** *afin que cela leur serve de témoignage. Je vous le dis en vérité, le jour du jugement,* **Sodome et Gomorrhe seront traités moins que cette ville-là.** *Ils partirent, et ils prêchèrent la repentance. Ils chassaient beaucoup de démons, et ils oignaient d'huile beaucoup de malades et les guérissaient.*

Décryptons:

Jésus dit à ses apôtres qui allaient faire du porte-à-porte pour vendre l'idée que Jésus était le sauveur du monde : "si les gens ne vous reçoivent pas bien, déposez la poussière de vos sandales sur leur tapis, ce sera bien fait pour eux. Mon père va leur réserver un sort plus dur que Sodome et Gomorrhe".

Jésus à ses apôtres : *Quand on vous emmènera pour vous livrer, ne vous inquiétez pas d'avance de ce que vous aurez à dire, mais dites ce qui vous sera donné à l'heure même ; car ce n'est pas vous qui parlerez, mais l'Esprit-Saint. Le frère livrera son frère à la mort, et le père son enfant ; les enfants se soulèveront contre leurs parents, et les feront mourir. Vous serez haïs de tous, à cause de mon nom, mais celui qui persévérera jusqu'à la fin sera sauvé.*

Beau discours de motivation à ses commerciaux : "Vous allez en chier sur le terrain mais en contrepartie, vous aurez la vie éternelle." **Même si vous dénoncez vos parents.**

Pour lancer un nouveau produit, il faut des idées neuves : La vie éternelle, l'avènement du Messie, l'amour de son prochain.

Il faut des hommes. Jésus recrute 12 commerciaux chevronnés.

Et il faut de l'argent pour payer ces hommes et leurs frais de déplacement.

Examinons le modèle économique de la secte :

Car il n'y avait parmi eux (les clients potentiels) *aucun indigent* (fauché) : *tous ceux qui possédaient des champs ou des maisons les vendaient, apportaient le prix de ce qu'ils avaient vendu, et le déposaient aux pieds des apôtres…*

Crois-tu vraiment que cette dépossession était volontaire ?

Un Lévite, originaire de Chypre, vendit un champ qu'il possédait, apporta l'argent, et le déposa aux pieds des apôtres. (Actes 4.37)

*Mais un homme nommé Ananias, avec Saphira sa femme, vendit une propriété, **et retint une partie du prix.** Sa femme le sachant ; puis il apporta le reste, et le déposa aux pieds des apôtres.*
Pierre lui dit : Ananias, pourquoi Satan a-t-il rempli ton cœur, au point que tu mentes au Saint-Esprit, et que tu aies retenu une partie du prix du champ ?
S'il n'eût pas été vendu, ne te restait-il pas ? Et, après qu'il a été vendu, le prix n'était-il pas à ta disposition ? Comment as-tu pu mettre en ton cœur un pareil dessein ? Ce n'est pas à des hommes que tu as menti, mais à Dieu.
*Ananias, entendant ces paroles, **il tomba, et expira.***

Les jeunes gens, étant entrés, la (sa femme) trouvèrent morte ; ils l'emportèrent, et l'ensevelirent auprès de son mari. Une grande crainte s'empara de toute l'assemblée et de tous ceux qui apprirent ces choses. (Actes 5.7 et suivants)
Ce sont peut-être les versets les plus sataniques de la Bible.

Décryptons : me basant sur une hypothèse qui n'est pas celle de l'Église, bien sûr. Mais nous sommes en République et le blasphème est autorisé. De plus, ce n'est sans doute pas un blasphème.

Les Apôtres, de costaux gaillards fanatisés par le charisme de leur chef Jésus, battent la campagne et les chaumières pour récolter de l'argent. Au début, ils secouent leurs pieds sur le tapis de la salle de bain, mais cela s'avère rapidement inefficace, tant en nombre de clients, qu'en valeur du panier moyen (montant du "don"). Les autres sectes font aussi la quête.

Ils décident donc de passer à un stade supérieur : **la menace** : *si tu ne donnes pas d'oseille, tu n'iras pas au Paradis !* Cela fonctionne bien chez les sympathisants, mais pas du tout chez les incroyants.

Imagine qu'une paire de témoins de Jéhovah sonnent à ta porte et te demandent 100 € sinon, tu iras en enfer. Cela te ferait rire et tu les jetterais dehors. Ce qui devait arriver aux témoins de Jésus.

Donc, ils décident d'employer la manière forte. Une petite baffe derrière la tête, un coup de pied dans les rotules, une paille dans l'œil... Pour d'autres, on peut employer le chantage :
"Tiens, je t'ai vu avec la femme de Jacob, sous une échelle !".

Le principal est de faire entrer de l'argent pour l'amour de Dieu.

Les voies du Seigneur sont impénétrables.

°0°

Ananias leur promet une grosse somme en contrepartie de leur silence et vend un de ses terrains pour conclure l'affaire. Mais sa femme lui avoue qu'elle est au courant de ses infidélités. Il décide d'en garder une partie.

Il se fait bastonner tellement fort par les bons apôtres qu'il en meurt en soupirant : c'est ma femme qui a le magot !
Étonnant, non ?!

°0°

Il y avait une autre source de financement, moins risquée, mais demandant davantage de psychologie et de charisme. Le numéro de la guérison par l'apposition des mains.

Beaucoup de miracles et de prodiges se faisaient au milieu du peuple par les mains des apôtres. Ils se tenaient tous ensemble au portique de Salomon, et aucun des autres n'osait se joindre à eux ; mais le peuple les louait hautement. Le nombre de ceux qui croyaient au Seigneur, hommes et femmes, s'augmentait de plus en plus ; en sorte qu'on apportait les malades dans les rues et qu'on les plaçait sur des lits et des couchettes, afin que, lorsque Pierre passerait, son ombre au moins couvrît quelqu'un d'eux. La multitude accourait aussi des villes voisines à Jérusalem, amenant des malades et des gens tourmentés par des esprits impurs ; et tous étaient guéris.

Les apôtres inventent la grande distribution et le drive. Les clients paient moins cher et pour les nécessiteux, on offre le baptême. Dieu aime les pauvres.

Qui est Saül ?

Saül est un Juif, citoyen de l'empire romain. Un homme fort, physiquement et moralement. Il est employé par Rome à persécuter les Chrétiens. Il est très zélé et coriace. C'est pour les Chrétiens ce que l'on pourrait appeler l'homme à abattre.

L'idéal serait que cette brute tourne sa veste et entre dans leur clan. Lis attentivement le début de son histoire.

Comme il était en chemin, et qu'il approchait de Damas, tout à coup une lumière venant du ciel resplendit autour de lui. Il tomba par terre, et il entendit une voix qui lui disait : Saul, Saul, pourquoi me persécutes-tu ?

Il répondit : Qui es-tu, Seigneur ? Et le Seigneur dit : Je suis Jésus que tu persécutes. Il te serait dur de regimber contre les aiguillons.

Saul se releva de terre, et, quoique ses yeux fussent ouverts, il ne voyait rien ; on le prit par la main, et on le conduisit à Damas. Il resta trois jours sans voir, et il ne mangea ni ne but....

Or, il y avait à Damas un disciple nommé Ananias. Le Seigneur lui dit dans une vision : Ananias ! ... Lève-toi, va dans la rue qu'on appelle la droite, et cherche, dans la maison de Judas, un nommé Saül de Tarse. Car il prie, et il a vu en vision un homme du nom d'Ananias, qui entrait, et qui lui imposait les mains, afin qu'il recouvrât la vue.

Le Seigneur lui dit : Va, car cet homme est un instrument que j'ai choisi, pour porter mon nom devant les nations, devant les rois, et devant les fils d'Israël ;

Ananias se présente à Saül et aussitôt, il tomba de ses yeux comme des écailles, et il recouvra la vue. Il se leva, et fut baptisé ; et, après qu'il eut pris de la nourriture, les forces lui revinrent.

Décryptons :

Comme il était en chemin et qu'il approchait de Damas, il reçut un violent coup sur le crâne, asséné par derrière. "Voilà ce que tu mérites"."Qui es-tu ?" répondit-il. "Je suis celui que tu persécutes mais je vais te donner une chance de vivre." L'agresseur lui asperge alors les yeux d'un poison gluant. "Tu ne supporteras pas longtemps la douleur".

L'agresseur et ses complices l'emmènent à Damas où ils ont des contacts : Ananias et Judas. Saül reste ligoté sur une chaise pendant trois jours. Ananias vient le voir : "Si tu nous jures d'arrêter tes persécutions et si tu entres au service de Jésus, je passe cet antidote sur tes yeux et tu recouvres la vue."
Saül accepte et deviendra Paul de Tarse, Saint Paul.

Étonnant ce que l'on peut lire entre les lignes.

*C'était à vous d'abord que la parole de Dieu devait être annoncée mais puisque vous la rejetez et que vous vous jugez vous-même indigne de la vie éternelle, **nous nous tournons vers les non-juif.** (Acte 13.46)* Changement de cible.

°0°

*...fortifiant l'esprit des disciples, les exhortant à persévérer dans la foi, et disant que c'est **par beaucoup de tribulations** qu'il nous faut entrer dans le royaume de Dieu.*

Le mot "tribulations" est faible. Les autres sectes étaient souvent basées sur le plaisir et la facilité de vivre, mais la "bonne nouvelle" était basée plutôt sur l'austérité.

L'essentiel de l'argumentation de la secte chrétienne était basé sur l'accession à la vie éternelle réservée à ceux qui s'étaient lavés de leurs péchés. Mais que dire à un homme qui ne pèche pas pour le convaincre ?

Si nous disons que nous n'avons pas de péché, nous nous trompons nous-mêmes, et la vérité n'est point en nous. Si nous confessons nos péchés, il est fidèle et juste pour nous les pardonner, et pour nous purifier de toute iniquité

> *Si nous disons que nous n'avons pas péché,*
> *nous faisons de Dieu un menteur.* (Jean 1.8)

Par le marchandage

Les dieux ne donnent rien. Ils échangent.

Toutes les nations de la terre seront bénies en ta postérité, **parce que tu as obéi à ma voix.**

°0°

Si tu écoutes attentivement la voix de l'Éternel, ton Dieu, si tu fais ce qui est droit à ses yeux, si tu prêtes l'oreille à ses commandements, et si tu observes toutes ses lois, je ne te frapperai d'aucune des maladies dont j'ai frappé les Égyptiens ;

Cela s'appelle aussi du chantage.

°0°

... j'agis avec bonté jusqu'à 1000 générations envers ceux qui m'aiment et qui respectent mes commandements.

1000 générations représentent environ 20.000 ans.
Ouf, nous sommes encore protégés.

L'Éternel parla à Moïse, et dit : Lorsque tu compteras les enfants d'Israël pour en faire le dénombrement, chacun d'eux paiera à l'Éternel le rachat de sa personne, afin qu'ils ne soient frappés d'aucune plaie lors de ce dénombrement.

*Lorsque quelqu'un d'entre vous fera une offrande à l'Éternel, il offrira du bétail, du gros ou du menu bétail. Si son offrande est un holocauste de gros bétail, il offrira un mâle sans défaut ; il l'offrira à l'entrée de la tente d'assignation, devant l'Éternel, **pour obtenir sa faveur.***

*L'Éternel parla à Moïse, et dit : Lorsque quelqu'un commettra une infidélité et pêcher **involontairement** à l'égard des choses consacrées à l'Éternel, il offrira en **sacrifice de culpabilité** à l'Éternel pour son péché un bélier sans défaut, pris du troupeau d'après ton estimation **en sicles d'argent,** selon le sicle du sanctuaire. Il donnera, en y ajoutant un cinquième, la valeur de la chose dont il a frustré le sanctuaire, et il la remettra au sacrificateur.*

Décryptons :

"Si tu commets un péché, tu paies. Et ainsi, tu seras pardonné".

Cette nouvelle religion est vraiment très pratique.

Si vous suivez mes lois, si vous gardez mes commandements et les mettez en pratique, je vous enverrai des pluies en leur saison, la terre donnera ses produits, et les arbres des champs donneront leurs fruits. À peine aurez-vous battu le blé que vous toucherez à la vendange, et la vendange atteindra les semailles ; vous mangerez votre pain à satiété, et vous habiterez en sécurité dans votre pays... Vous poursuivrez vos ennemis, et ils tomberont devant vous par l'épée.

Mais si vous ne m'écoutez point et ne mettez point en pratique tous ces commandements, si vous méprisez mes lois, et si votre âme a en horreur mes ordonnances, en sorte que vous ne pratiquiez point tous mes commandements et que vous rompiez mon alliance, voici alors ce que je vous ferai.

*J'enverrai sur vous **la terreur, la consomption et la fièvre,** qui rendront vos yeux languissants et votre âme souffrante ; et vous sèmerez en vain vos semences : vos ennemis les dévoreront.*

Je tournerai ma face contre vous, et vous serez battus devant vos ennemis ; ceux qui vous haïssent domineront sur vous, et vous fuirez sans que l'on vous poursuive. Si, malgré cela, vous ne m'écoutez point, je vous châtierai sept fois plus pour vos péchés. Je briserai l'orgueil de votre force, je rendrai votre ciel comme du fer, et votre terre comme de l'airain. Votre force s'épuisera inutilement, votre terre ne donnera pas ses produits, et les arbres de la terre ne donneront pas leurs fruits.

***Si vous me résistez** et ne voulez point m'écouter, je vous frapperai sept fois plus selon vos péchés. J'enverrai contre vous les animaux des champs, **qui vous priveront de vos enfants,** qui détruiront votre bétail, et qui vous réduiront à un petit nombre ; et vos chemins seront déserts.*

Si ces châtiments ne vous corrigent point, et si vous me résistez, je vous résisterai aussi, et je vous frapperai sept fois plus pour vos péchés.

*Je ferai venir contre vous l'épée, qui vengera mon alliance ; quand vous vous rassemblerez dans vos villes, **j'enverrai la peste au milieu de vous,** et vous serez livrés aux mains de l'ennemi. Lorsque je vous briserai le bâton du pain, dix femmes cuiront votre pain dans un seul four et rapporteront votre pain au poids ; vous mangerez, et vous ne serez point rassasiés. Si, malgré cela, vous ne m'écoutez point, et si vous me résistez, je vous résisterai aussi avec fureur, et je vous châtierai sept fois plus pour vos péchés.*

Vous mangerez la chair de vos fils,** et **vous mangerez la chair de vos filles.** Je détruirai vos hauts lieux, j'abattrai vos statues consacrées au soleil, je mettrai vos cadavres sur les cadavres de vos idoles, et **mon âme vous aura en horreur.

***Je réduirai vos villes en déserts,** je ravagerai vos sanctuaires, et je ne respirerai plus l'odeur agréable de vos parfums. **Je dévasterai le pays,** et vos ennemis qui l'habiteront en seront stupéfaits. Je vous disperserai parmi les nations et je tirerai l'épée après vous. Votre pays sera dévasté, et vos villes seront désertes. Alors le pays jouira de ses sabbats, tout le temps qu'il sera dévasté, et que vous serez dans le pays de vos ennemis ; alors le pays se reposera, et jouira de ses sabbats.*
*Tout le temps qu'il sera dévasté, il aura le repos qu'il n'avait pas eu dans vos sabbats, tandis que vous l'habitiez. Je rendrai pusillanime le cœur de ceux d'entre vous qui survivront, dans les pays de leurs ennemis ; le bruit d'une feuille agitée les poursuivra ; ils fuiront comme on fuit devant l'épée, et **ils tomberont sans qu'on les poursuive.** Ils se renverseront les uns sur les autres comme devant l'épée, sans qu'on les poursuive.*

*Vous ne subsisterez point en présence de vos ennemis ; **vous périrez** parmi les nations, et le pays de vos ennemis vous dévorera. Ceux d'entre vous qui survivront seront frappés de langueur pour leurs iniquités, dans les pays de leurs ennemis ; ils seront aussi frappés de langueur pour les iniquités de leurs pères.*

(Lévitique 26 - 14 et suite)

Quel raffinement dans la pression psychologique !

*Et toi (Salomon), si tu marches en ma présence comme a marché David, ton père, avec sincérité de cœur et avec droiture, faisant tout ce que je t'ai commandé, si tu observes mes lois et mes ordonnances, **j'établirai pour toujours le trône de ton royaume en Israël**, comme je l'ai déclaré à David, ton père, en disant : tu ne manqueras jamais d'un successeur sur le trône d'Israël.*

°0°

**La crainte de l'Éternel prolonge la vie,
mais les années des méchants sont abrégées.**
*La crainte de l'Éternel est une source de vie
pour détourner des pièges de la mort.*

°0°

Recommande à l'Éternel tes œuvres, et tes projets réussiront.

Le délit de publicité mensongère n'existait pas à l'époque mais il existe aujourd'hui.

Je pense même que, si un livre de cet teneur était publié aujourd'hui, il provoquerait un tollé général, même de l'Église Catholique.

Par diabolisation des autres croyances

L'an 0, en Israël, le peuple est fatigué par l'occupation romaine. De nombreuses sectes religieuses se concurrencent pour apporter la bonne nouvelle, celle de l'avènement du Messie. La secte de jésus se trouve au milieu d'une active concurrence et fait tout pour que ses ouailles n'aillent pas reluquer du côté des autres.

Gardez-vous des faux prophètes. Ils viennent à vous en vêtements de brebis, mais au dedans ce sont des loups ravisseurs.

Prophètes et sacrificateurs sont corrompus ; Même dans ma maison, j'ai trouvé leur méchanceté, dit l'Éternel. C'est pourquoi leur chemin sera glissant et ténébreux, ils **seront poussés, et ils tomberont ;** *Car je ferai venir sur eux le malheur, L'année où je les châtierai, dit l'Éternel. Dans les prophètes de Samarie, j'ai vu de l'extravagance ; ils ont prophétisé par Baal, ils ont égaré mon peuple d'Israël. Mais dans les prophètes de Jérusalem, j'ai vu des choses horribles ; ils sont adultères, ils marchent dans le mensonge ; ils fortifient les mains des méchants, Afin qu'aucun ne revienne de sa méchanceté ; ils sont tous à mes yeux comme Sodome, Et les habitants de Jérusalem comme Gomorrhe. C'est pourquoi ainsi parle l'Éternel des armées sur les prophètes : Voici, je vais les nourrir d'absinthe, Et* **je leur ferai boire des eaux empoisonnées.***
Car c'est par les prophètes de Jérusalem Que l'impiété s'est répandue dans tout le pays.

J'ai entendu ce que disent les prophètes qui prophétisent en mon nom le mensonge, disant : j'ai eu un songe ! j'ai eu un songe ! Jusqu'à quand ces prophètes veulent-ils prophétiser le mensonge, prophétiser la tromperie de leur cœur ?

La plupart des prophètes, Isaïe par exemple, ont commencé leur discours par : J'ai eu un songe...

Le peuple d'Israël a été maintes fois tenté par les autres religions. Ils en ont aussi été punis maintes fois.

Le monothéiste, plus austère que le polythéisme, n'était pas ce que le peuple préférait. Il a fallu un marteau sur une enclume pour leur inculquer une croyance qui ne leur convenait pas. Mais, à force d'être persécuté, un peuple se soumet.

Comment se fait-il que les Amérindiens et les Africains soient chrétiens ? Non, parce que Dieu leur a parlé, mais parce que Dieu a parlé à leurs colonisateurs.

L'Éternel a rejeté ton veau, Samarie ! Ma colère s'est enflammée contre eux. Jusqu'à quand refuseront-ils de se purifier ? Il vient d'Israël, un ouvrier l'a fabriqué, et ce n'est pas un Dieu ; C'est pourquoi le veau de Samarie sera mis en pièces. **Puisqu'ils ont semé du vent, ils récolteront la tempête ;** *Ils n'auront pas un épi de blé ; Ce qui poussera ne donnera point de farine, Et s'il y en avait, des étrangers la dévoreraient.*

"Se purifier" signifie : abjurer ses croyances pour celle de Jésus.

Il y a eu parmi le peuple de faux prophètes, et il y aura de même parmi vous de faux docteurs, qui introduiront des sectes pernicieuses, et qui, reniant le maître qui les a rachetés, attireront sur eux une ruine soudaine.

°0°

Certains peuvent penser que les miracles sont une réalité parce qu'ils ont été accomplis par Dieu. On croit tout ce qui vient de Dieu. Mais Dieu n'était pas le seul.De simples civils et mortels pratiquaient l'apposition des mains.

Puis, ayant appelé ses douze disciples, il leur donna le pouvoir de chasser les esprits impurs, et de guérir toute maladie et toute infirmité.

Jésus leur répondit : Prenez garde que personne ne vous séduise. Car **plusieurs viendront sous mon nom,** *disant : C'est moi qui suis le Christ. Et ils séduiront beaucoup de gens.*

Jésus reconnaît que la concurrence séduit beaucoup d'adeptes. Pourquoi ? Peut-être parce qu'elle est meilleure ? Parce qu'elle convient mieux à la population ? Parce qu'elle se sent plus heureuse avec eux ?

Plusieurs "faux prophètes" prétendent être le Messie. Et si le bon avait été tué ? Si l'histoire n'avait conservé que le plus rusé ? Si c'était le cas, je suis sûr que les Juifs l'auraient crucifié.

°0°

Si quelqu'un vous dit alors : Le Christ est ici, ou : Il est là, ne le croyez pas. Car il s'élèvera de faux Christs et de faux prophètes ; **ils feront de grands prodiges et des miracles,** *au point de séduire, s'il était possible, même les élus. Voici, je vous l'ai annoncé d'avance.*

Ces versets sont intéressants, car ils dépeignent la situation de l'époque. Beaucoup de prédicateurs, donc de zélotes d'une autre secte, arrivent à donner l'illusion qu'ils pratiquent des miracles. On parle aussi de magiciens. Ce sont simplement d'adroits prestidigitateurs. C'était une concurrence pour le Christ et ses apôtres.

°0°

De nombreux imposteurs sont venus dans le monde. Ils ne reconnaissent pas que Jésus est le Messie venu en homme. Voilà ce qui caractérise l'imposteur et l'Antéchrist.

La Bible est-elle un bon modèle pour nous ?

La Bible, comme tout autre livre sacré, doit être un modèle incontestable pour un bon Chrétien. Sinon, elle ne sert à rien.

Elle donne souvent le bon exemple, mais véhicule aussi le mauvais. La violence de Dieu que nous avons découvert dans les précédents chapitres, sa jalousie, sa partialité pour le peuple hébreu, son injustice entache considérablement l'œuvre. Les fondamentalistes religieux s'appuient toujours sur les mauvais exemples pour commettre des actes répréhensibles. Quand le Coran écrit : "Combattez ceux qui ne croient point en Allah..." certains fondamentalistes musulmans en profitent pour prendre les armes et tuer.

Je ne dis pas que la Bible incite qui que ce soit à prendre les armes aujourd'hui, mais ce le fut certainement dans le passé. Pendant les croisades par exemple (que nous verrons plus loin).

Le mauvais exemple ne s'applique pas seulement à la violence et la tuerie, il s'applique aussi à la morale ou aux mœurs.

Abraham arrive en Égypte. Il dit à Saraï, sa femme : Voici, je sais que tu es une femme, belle de figure. Quand les Égyptiens te verront, ils diront : C'est sa femme ! Et ils me tueront, et te laisseront la vie.
Dis, je te prie, que tu es ma sœur, *afin que je sois bien traité à cause de toi, et que mon âme vive grâce à toi.*

*Lorsque Abram fut arrivé en Égypte, les Égyptiens virent que la femme était fort belle. Les grands de Pharaon la virent aussi et la vantèrent à Pharaon ; et **la femme fut emmenée dans la maison de Pharaon.***

*Il traita bien Abram à cause d'elle ; et **Abram reçut des brebis, des bœufs, des ânes, des serviteurs et des servantes, des ânesses, et des chameaux.***

*... **Abram était très riche** en troupeaux, en argent et en or.*

Ce n'est pas un exemple très glorieux pour Abraham. Des esprits mal intentionnés pourraient penser qu'il a offert sa femme au Pharaon pour profiter davantage et de cadeaux.

°0°

*Saraï, femme d'Abram, ne lui avait point donné d'enfants. Elle avait une servante égyptienne, nommée Agar. Et Saraï dit à Abram : Voici, l'Éternel m'a rendue stérile ; **viens, je te prie, vers ma servante ;** peut-être aurai-je par elle des enfants. Abram écouta la voix de Saraï. Alors Saraï, femme d'Abram, prit Agar, l'Égyptienne, sa servante, et **la donna pour femme à Abram**, son mari... **Il alla vers Agar, et elle devint enceinte.***

On remarque à la lecture totale de la Bible que Dieu n'aime pas les femmes stériles. Elle fournit même l'excuse d'aller voir ailleurs si l'on veut des enfants.

Tu vas me dire : *oui, mais sa femme était d'accord.* C'est encore pire.
Tu vas me dire : *oui, mais c'étaient les mœurs de l'époque.*
Je réponds : *oui, mais c'est lu aujourd'hui.*

°0°

*L'ange de l'Éternel la trouva près d'une source d'eau dans le désert, près de la source qui est sur le chemin de Schur. Il dit : Agar, servante de Saraï, d'où viens-tu, et où vas-tu ? Elle répondit : je fuis loin de Saraï, ma maîtresse. L'ange de l'Éternel lui dit : Retourne vers ta maîtresse, et **humilie-toi sous sa main.***

Selon la Bible, l'épouse a le droit de battre la maîtresse de son mari qui, surtout, est obligée de rester à son service.

Loth, avant que le feu du ciel s'abatte sur Sodome, est bousculé dans sa maison par des hommes en colère.

Et il dit : Mes frères, je vous prie, ne me faites pas de mal !

Voici, j'ai deux filles vierges ; je vous les amènerai dehors, et vous leur ferez ce qu'il vous plaira.

Tu vas me dire : *oui, mais la Bible n'a pas écrit le mot "violer".*
Et moi, je ne répondrai pas.
Passage sur les filles de Loth, pour qui Alfred de Musset a commis un poème érotique.
L'aînée dit à la plus jeune : Notre père est vieux ; et il n'y a point d'homme dans la contrée, pour venir vers nous, selon l'usage de tous les pays. Viens, faisons boire du vin à notre père, et couchons avec lui.

°0°

Abraham disait de Sara, sa femme : **C'est ma sœur.** *Abimélec, roi de Guérar, fit enlever Sara...*
Abimélec prit des brebis et des bœufs, des serviteurs et des servantes, et les donna à Abraham ; *et il lui rendit Sara, sa femme. Abimélec dit : Voici, mon pays est devant toi ; demeure où il te plaira. Et il dit à Sara : Voici,* **je donne à ton frère mille pièces d'argent.**

Des esprits mal intentionnés pourraient penser que cela s'appelle du proxénétisme mais nous, esprits éclairés, nous savons que c'est... une image.

°0°

Lorsque Rachel vit qu'elle ne donnait point d'enfants à Jacob, elle porta envie à sa sœur, et elle dit à Jacob : Donne-moi des enfants, où je meurs. La colère de Jacob s'enflamma contre Rachel, et il dit : Suis-je à la place de Dieu, qui t'empêche d'être féconde ? Elle dit : **Voici ma servante Bilha ; va vers elle ;** *qu'elle enfante sur mes genoux, et que, par elle, j'aie aussi des fils. Et elle lui donna pour femme Bilha, sa servante ; et Jacob alla vers elle.* **Bilha devint enceinte, et enfanta un fils à Jacob.**
Et de deux !

*Si le voleur est surpris, dérobant avec effraction, et qu'il soit frappé et meure, **on ne sera point coupable de meurtre envers lui.***
On pourrait s'appuyer sur la Bible, pour réhabiliter la peine de mort !?

°0°

*Quiconque couche **avec une bête** sera puni de mort.*

Ah bon, on peut coucher avec des animaux, dirait un jeune enfant qui lit la Bible, mais qui n'a pas trop surfé sur internet ?

°0°

*Ehud l'aborda comme il était assis seul dans sa chambre d'été, et il dit : J'ai une parole de Dieu pour toi. Eglon se leva de son siège. Alors Ehud avança la main gauche, **tira l'épée de son côté droit, et la lui enfonça dans le ventre.***
Sournoiserie.

°0°

*Un soir, David se leva de sa couche ; et, comme il se promenait sur le toit de la maison royale, il aperçut de là une femme qui se baignait, et qui était très belle de figure... **C'était la femme d'Urie** ... David envoya des gens pour la chercher. Elle vint vers lui, et **il coucha avec elle.** Après s'être purifiée de sa souillure, elle retourna dans sa maison.*

*David écrit à Joab : "**Place Urie au plus fort du combat, afin qu'il soit frappé et meure** ". La femme d'Urie apprit que son mari était mort, et elle pleura son mari. Quand le deuil fut passé, David l'envoya chercher et la recueillit dans sa maison.*
Elle devint sa femme, et lui enfanta un fils.

David était un chaud lapin... mais le lapin n'est pas un animal impur.

Donnez des liqueurs fortes à celui qui périt, et du vin à celui qui a l'amertume dans l'âme ; **Qu'il boive et oublie sa pauvreté, et qu'il ne se souvienne plus de ses peines.**

L'alcool est l'opium des pauvres.

La Bible incite-t-elle à la misogynie ?

On peut remarquer que dans la Bible, aucune femme n'a une place importante. Sauf celle de la mère et surtout de la mère du Christ.

Il n'est pas bon que l'homme soit seul.
Je lui ferai une aide qui soit son vis-à-vis.

Une aide ménagère, je pense.

°0°

Le premier acte de Dieu, après son jour de repos :

L'Éternel Dieu forma la femme à partir de la côte qu'il avait prise à l'homme.

D'abord, au niveau anatomique, ça ne tient pas trop la route mais ce n'est pas le sujet.
L'homme aurait pu être créé pour que la femme ne s'ennuie pas ?
Quand Dieu demande à Adam s'il a mangé le fruit, ce dernier répond : *C'est la femme que tu as mise à mes côtés qui m'a donné ce fruit...*

La première parole du fils de Dieu fut pour accuser sa femme. Depuis, la femme est considérée comme tentatrice, incitant les hommes à se méfier.

Si des hommes se querellent, et qu'ils heurtent une femme enceinte, et la fassent accoucher, sans autre accident, ils seront punis d'une amende imposée par le mari de la femme, et qu'ils paieront devant les juges.

*L'Éternel parla à Moïse, et dit : Parle aux enfants d'Israël, et dis : Lorsqu'une femme deviendra enceinte, et qu'elle enfantera un **mâle**, elle sera impure pendant **sept jours** ; elle sera impure, comme au temps de son indisposition menstruelle. Le huitième jour, l'enfant sera circoncis. Elle restera encore 33 jours à se purifier de son sang ; elle ne touchera aucune chose sainte, et elle n'ira point au sanctuaire, jusqu'à ce que les jours de sa purification soient accomplis. Si elle enfante une **fille**, elle sera impure pendant **deux semaines**, comme au temps de son indisposition menstruelle ; elle restera 66 jours à se purifier de son sang.*

Quel irrespect pour la femme et la maternité ! Quelle incitation pour l'homme à s'écarter de la femme ! On remarquera aussi qu'enfanter une fille rend deux fois plus impur qu'enfanter un garçon.
Ce genre de d'injonction ou de loi devrait être classé comme impur.

°0°

*La femme qui aura ses règles, un flux de sang en sa chair, restera **sept jours dans son impureté**. **Quiconque la touchera sera impur** jusqu'au soir. Tout lit sur lequel elle couchera pendant son impureté sera impur, et **tout objet sur lequel elle s'assiéra sera impur**. Quiconque touchera son lit lavera ses vêtements, se lavera dans l'eau, et sera impur jusqu'au soir. Quiconque touchera un objet sur lequel elle s'est assise, lavera ses vêtements, se lavera dans l'eau, et sera impur jusqu'au soir. S'il y a quelque chose sur le lit ou sur l'objet sur lequel elle s'est assise, celui qui la touchera sera impur jusqu'au soir. Si un homme couche avec elle et que l'impureté de cette femme vienne sur lui, il sera impur pendant sept jours, et tout lit sur lequel il couchera sera impur.*

Pourquoi Dieu parle-t-il autant du sexe des femmes ? Peut-être qu'il n'a jamais été marié ?
Surtout parce que c'est un homme et qu'il a peur des femmes. Imaginons que dieu soit une femme. Moins d'obsession sexuelle, moins de guerres, moins de misogynie, plus de douceur.

°0°

Tu ne t'approcheras point d'une femme
pendant son impureté menstruelle,
pour découvrir sa nudité.

En langage hypocrite, "découvrir sa nudité" signifie "tirer un coup".

Si un homme couche avec une femme qui a son indisposition, et découvre sa nudité, s'il découvre ses règles, et qu'elle découvre le flux de son sang, ils seront tous deux retranchés du milieu de leur peuple.

Dans la voix de Saint-Paul :

Ce n'est pas la femme qui est maîtresse de son corps, c'est son mari.
(1 Corinthiens 7.4)

°0°

*Que la femme écoute l'instruction en silence, avec une **entière soumission.***
*Je ne permets pas à la femme d'enseigner, **ni de prendre de l'autorité sur l'homme ; mais elle doit demeurer dans le silence. Car Adam a été formé le premier, Eve ensuite.***
(Timothée 2.11)

°0°

***Ce n'est pas Adam qui a été séduit, c'est la femme** qui, séduite, s'est rendue coupable de transgression. **Elle sera néanmoins sauvée en devenant mère,** si elle persévère avec modestie dans la foi, dans la charité, et dans la sainteté.*

°0°

*Celle qui est véritablement **veuve,** et qui est demeurée dans l'isolement, met son espérance en Dieu et **persévère nuit et jour dans les supplications** et les prières. Mais celle qui vit dans les plaisirs est **morte**, quoique vivante.*
(1 Timothée 5.5)

À cette époque, au lieu de brûler un cierge à l'église, on sacrifiait quelques pauvres bêtes. Le sacrificateur est un poste à haute notoriété.

Ils (les sacrificateurs) *ne prendront point une femme répudiée par son mari... **Il prendra pour femme une vierge**. Il ne prendra ni une veuve, ni une femme répudiée, ni une femme déshonorée.*

Ce serait tellement charitable de faire le contraire.
Mais Dieu est-il charitable ?

Lorsque tu iras à la guerre contre tes ennemis, si l'Éternel les livre entre tes mains et que tu fasses des prisonniers parmi eux, peut-être verras-tu une belle femme et auras-tu le désir de l'épouser. Alors, tu la conduiras à l'intérieur de ta maison. **Elle se rasera la tête, se coupera les ongles, et quittera les vêtements qu'elle portait... Si elle cesse de te plaire, tu la laisseras** *aller où elle voudra.*

Je crois que le verbe "épouser" provient d'une correction de recopie.

À propos du mariage :

Si le fait est vrai que la jeune femme ne s'est pas trouvée vierge... **elle sera lapidée par les habitants de la ville, elle sera punie de mort...**

Et si l'homme n'est pas puceau, il sera condamné à jeter des cailloux toute sa vie.

°0°

Lorsqu'un homme a pris une épouse qui viendrait ne pas trouver grâce à ses yeux parce qu'il a découvert quelque chose de honteux, **il écrit pour cela une lettre de divorce et, après lui avoir remis, la renvoie de chez lui.**

°0°

*Mieux vaut habiter à l'angle d'un toit,
que de partager la demeure d'une femme querelleuse.*

Portrait de l'épouse idéale :

Le cœur de son mari a confiance en elle, et les produits ne lui feront pas défaut. Elle lui fait du bien, et non du mal, tous les jours de sa vie. Elle se procure de la laine et du lin, et travaille d'une main joyeuse. Elle est comme un navire marchand, elle amène son pain de loin.

Elle se lève lorsqu'il est encore nuit, *et elle donne la nourriture à sa maison et la tâche à ses servantes. Elle pense à un champ, et elle l'acquiert ; Du fruit de son travail, elle plante une vigne. Elle ceint de force ses reins, et elle affermit ses bras. Elle sent que ce qu'elle gagne est bon ; Sa lampe ne s'éteint point pendant la nuit.* ***Elle met la main à la quenouille,*** *et ses doigts tiennent le fuseau. Elle tend la main au malheureux, elle tend la main à l'indigent.*

Elle ne craint pas la neige pour sa maison, car toute sa maison est vêtue de cramoisi. Elle se fait des couvertures, elle a des vêtements de fin lin et de pourpre.

Son mari est considéré aux portes,
lorsqu'il siège avec les anciens du pays.

Elle fait des chemises, et les vend, et elle livre des ceintures au marchand. Elle est revêtue de force et de gloire, et elle se rit de l'avenir. ***Elle ouvre la bouche avec sagesse,*** *et des instructions aimables sont sur sa langue. Elle veille sur ce qui se passe dans sa maison, et elle ne mange pas le pain de paresse.*

Je vais faire lire la Bible à ma femme !

L'Égypte sera comme des femmes :
elle tremblera et aura peur.

Peut-on dire que Dieu n'est pas misogyne ?

Tu vas me dire : *Oui, mais c'est l'époque qui voulait ça.*

Je suis entièrement d'accord avec toi. L'époque, c'était il y a plus de 2000 ans. Nous sommes 32 siècles plus tard et cette Bible, avec ces mots, qui pourtant ont été modifiés, édulcorés, supprimés par l'Église, est encore en vente aujourd'hui.

Quelle vision de la femme aurait un enfant qui pour s'amuser - je lui souhaite du courage - lirait la Bible le soir dessous ses draps ?

Comment pourrait évoluer un homme alcoolique qui frappe sa femme - si ça existe - à qui l'on donnerait à lire la bible pour s'amender ? Il plaiderait non-coupable.
"Ce n'est pas ma faute, c'est Dieu qui a guidé ma main."

La Bible devrait être à l'index.
(Index : liste des livres interdits par le clergé)

Il y a aussi une différence entre la femme non mariée et la jeune fille : *celle qui n'est pas mariée se préoccupe des affaires du Seigneur,* *afin d'être sainte **de corps** et d'esprit, alors que celle qui est mariée se préoccupe des affaires de ce monde et des moyens de **plaire à son** **mari**.*
*Une femme est liée à son mari par la loi aussi longtemps qu'il est **vivant** mais si son mari meurt, elle est libre de se remarier avec qui elle veut, à condition que ce soit dans le Seigneur. Cependant, à mon avis, **elle est plus heureuse si elle reste comme elle est.***

Christ est le chef de tout homme,
l'homme est le chef de la femme...
(1 Corinthiens 11.3)

°0°

*Quand elle prie... si une femme n'a pas la tête couverte, **qu'elle se tonde les cheveux** et si elle a honte d'avoir les cheveux tondus, qu'elle se couvre.*

Allah ouakbar !

*Les **femmes âgées** doivent se comporter comme il convient à des **servantes de Dieu**... Ainsi, elles **apprendront aux jeunes femmes à aimer leur mari**... à se montrer réfléchies, **chastes, occupées aux soins domestiques**, bonnes, **soumises** à leurs maris, **afin que la parole de Dieu ne soit pas blasphémée.** (Tite 2.3-5)*

Il est donc du devoir divin de l'homme de soumettre sa femme !

*Femmes, soyez de même soumises à vos maris, afin que, si quelques-uns n'obéissent point à la parole, ils soient gagnés sans parole par la conduite de leurs femmes, en voyant votre manière de vivre **chaste et réservée.***

*Ayez, non cette parure extérieure qui consiste dans les cheveux tressés, les ornements d'or, ou les habits qu'on revêt, mais la parure intérieure et cachée dans le cœur, **la pureté incorruptible d'un esprit doux et paisible**, qui est d'un grand prix devant Dieu.*

Le Nouveau Testament est-il antisémite ?

À propos du procès de Jésus :
Sur quoi Pilate leur dit : Prenez-le vous-mêmes, et jugez-le selon votre loi. Les Juifs lui dirent : Il ne nous est pas permis de mettre personne à mort. C'était afin que s'accomplît la parole que Jésus avait dite, lorsqu'il indiqua de quelle mort il devait mourir.

Selon la Bible, Pilate ne voulait pas la mort de Jésus.
Seuls, les Juifs la réclamaient.

°0°

Pilate sortit de nouveau, et dit aux Juifs : Voici, je vous l'amène dehors, afin que vous sachiez que je ne trouve en lui aucun crime. Jésus sortit donc, portant la couronne d'épines et le manteau de pourpre. Et Pilate leur dit : Voici l'homme. Lorsque les principaux sacrificateurs et les huissiers le virent, ils s'écrièrent : **Crucifie !** **Crucifie !** *Pilate leur dit : Prenez-le vous-mêmes, et crucifiez-le ; car moi, je ne trouve point de crime en lui. Les Juifs lui répondirent : nous avons une loi ; et,* **selon notre loi, Il doit mourir,** *parce qu'il s'est fait Fils de Dieu.*

Grave accusation, qui perdure encore.

°0°

Jésus, sachant tout ce qui devait lui arriver, s'avança, et leur dit : Qui cherchez-vous ? Mon royaume n'est pas de ce monde, répondit Jésus. Si mon royaume était de ce monde, mes serviteurs auraient combattu pour moi, **afin que je ne fusse pas livré aux Juifs ;** *mais maintenant mon royaume n'est point d'ici-bas.*

Les serviteurs de Jésus ne seraient jamais intervenus puisque Jésus avait déjà accepté la punition de son père. Il fallait de plus respecter ce que disaient les écritures.

Je regrette la réplique de Jésus : "Mon royaume n'est pas de ce monde". Comme s'il s'évaporait déjà et laissait ses disciples à leur triste sort. J'eus préféré qu'il dise : "je suis un homme d'ici et je mourrai ici", au milieu de tous mes amis.

Les disciples de Jésus disent aux Juifs :

Vous avez fait mourir le Prince de la vie, que Dieu a ressuscité des morts ; nous en sommes témoins.

°0°

*C'était à vous d'abord que la parole de Dieu devait être annoncée mais puisque vous la rejetez et que vous vous jugez vous-même indigne de la vie éternelle, **nous nous tournons vers les non-Juif.***
(Acte 13.46)

Quand Paul de Tarse est mis en prison, pendant un de ses voyages.

*Après m'avoir interrogé, ils voulaient me relâcher, parce qu'il n'y avait en moi rien qui méritât la mort. **Mais les Juifs s'y opposèrent.***

°0°

Toi qui te donnes le nom de Juif, *... toi donc, qui enseignes les autres, tu ne t'enseignes pas toi-même !*
*Toi qui prêches de ne pas dérober, **tu dérobes !***
*Toi qui dis de ne pas commettre d'adultère, **tu commets l'adultère !***
*Toi qui as en abomination les idoles, **tu commets des sacrilèges !***

Toi qui te fais une gloire de la loi, **tu déshonores Dieu** *par la transgression de la loi ! Car le nom de Dieu est, à cause de vous, blasphémé parmi les païens, comme cela est écrit.*

La Bible incite-t-elle à une soumission au pouvoir ?

Constantin 1er de Rome est le premier empereur à se servir de l'Église pour asseoir son pouvoir. En France, c'est le roi Clovis. Louis XIV se proclamait intermédiaire entre Dieu et ses sujets. Les Américains prêtent serment sur la Bible. Les troupes nazies portaient des ceintures où était écrit "Got mit uns" Dieu est avec nous.

Parallèlement, l'Église s'est servie des dirigeants pour asseoir son pouvoir.

Tu ne maudiras point Dieu,
et tu ne maudiras point le prince de ton peuple.

°0°

Les rois ont horreur de faire le mal,
car c'est par la justice que le trône s'affermit.

°0°

La sérénité du visage du roi donne la vie,
et sa faveur est comme une pluie de printemps.
°0°

La bonté et la fidélité gardent le roi,
et il soutient son trône par la bonté.

Le cœur du roi est un courant d'eau dans la main de l'Éternel ;
il l'incline partout où il veut.

°0°

Mon fils, crains l'Éternel et le roi.

Par la voix de Saint-Paul :

Que toute personne soit soumise aux autorités supérieures ; car *il n'y a point d'autorité qui ne vienne de Dieu, et les autorités qui existent ont été instituées de Dieu.*

Adolf Hitler avait certainement lu la Bible.

°0°

C'est aussi pour cela que vous payez les impôts. Car *les magistrats sont des ministres de Dieu entièrement appliqués à cette fonction. Rendez à tous ce qui leur est dû : l'impôt à qui vous devez l'impôt...*

°0°

Rappelle-leur d'être soumis aux magistrats et aux autorités, d'obéir, d'être prêts à toute bonne œuvre, de ne médire de personne, d'être pacifiques, modérés, pleins de douceur envers tous les hommes.

°0°

Soyez soumis, à cause du Seigneur, à toute autorité établie parmi les hommes, soit au roi comme souverain, soit aux gouverneurs comme envoyés par lui pour punir les malfaiteurs et pour approuver les gens de bien.

Vous avez probablement entendu parler des **10 commandements**.

Dieu les a dictés à Moïse sur le Mont Sinaï.
Le document s'appelle le Décalogue.
Voici le quatrième :

> *Tes père et mère honoreras,*
> *tes supérieurs pareillement.*

La Bible légitime-t-elle l'esclavage ?

*À l'âge de huit jours, tout mâle parmi vous sera circoncis, selon vos générations, qu'il soit né dans la maison, **ou qu'il soit acquis à prix d'argent de tout fils d'étranger***

On "baptisait" donc les esclaves de force ?

°0°

<u>À propos du Sabbat</u> :

*Tu ne feras aucun ouvrage, ni toi, ni ton fils, ni ta fille, **ni ton esclave,** ni ta servante, **ni ton bétail,** ni l'étranger qui est dans tes portes.*

En fait, il apparaît tout à fait normal de posséder un esclave, au même titre que d'avoir des enfants et du bétail.

Tu vas me dire : oui, mais c'était une autre époque, les Arabes ont été esclavagistes, les Américains ont été esclavagistes, les Français aussi. En ce qui concerne les Chrétiens, la Bible était lue aussi au XVIIe siècle. Époque où l'esclavage était florissant.

*Si l'esclave dit : J'aime mon maître, ma femme et mes enfants, je ne veux pas sortir libre, - alors son maître le conduira devant Dieu, et le fera approcher de la porte ou du poteau, et **son maître lui percera l'oreille avec un poinçon, et l'esclave sera pour toujours à son service.***

Si tu es gentil, je te couperai le bout de la verge, je te percerai l'oreille et je ne te donnerai pas ta liberté. Bel exemple !
   Si tu achètes un esclave hébreu, il servira six années.

Est-il garanti deux ans ou plus ?

°0°

Si un homme vend sa fille pour être esclave, *elle ne sortira point comme sortent les esclaves. Si elle déplaît à son maître, qui s'était proposé de la prendre pour femme, il facilitera son rachat ; mais il n'aura pas le pouvoir de la vendre à des étrangers, après lui avoir été infidèle. S'il la destine à son fils, il agira envers elle selon le droit des filles.*

°0°

Si un homme frappe du bâton son esclave, homme ou femme, et que l'esclave meure sous sa main, le maître sera puni. Mais s'il survit un jour ou deux, le maître ne sera point puni ; **car c'est son argent.**

°0°

Un voleur doit faire une restitution ; s'il n'a rien, **il sera vendu** *pour son vol.*

°0°

Esclaves, obéissez à vos maîtres *terrestres avec crainte et profond respect, avec sincérité de cœur, comme à Christ. Ne le faites pas seulement sous le regard des autres, comme le feraient des êtres désireux de plaire aux hommes, mais obéissez comme des serviteurs de Christ qui font de tout leur cœur la volonté de Dieu.*
(Éphésiens 6.5)

°0°

Encourage les esclaves à être soumis à leurs maîtres, *à leur plaire en toutes choses, à n'être point contredisants, ne rien dérober, mais à montrer toujours une parfaite fidélité, afin de faire honorer en tout la doctrine de Dieu notre Sauveur.*

La Bible incite-t-elle au respect de la nature ?

Faisons l'homme à notre image...
qu'il domine sur les poissons, les oiseaux, le bétail..."

°0°

... Remplissez la Terre et soumettez la....
dominez tout animal qui se déplace sur la Terre.

°0°

Vous serez un sujet de crainte et d'effroi pour tout animal de la terre, *pour tout oiseau du ciel, pour tout ce qui se meut sur la terre, et pour tous les poissons de la mer :* ***ils sont livrés entre vos mains.*** *Tout ce qui se meut et qui a vie vous servira de nourriture :* ***je vous donne tout cela comme l'herbe verte.***

Cela paraît insignifiant mais très important. Le culte de ce dieu a mis, depuis la création, l'homme au sommet de la pyramide des espèces. C'est effectivement le plus "intelligent".
Cela dépend aussi de ce que l'on appelle l'intelligence. Mettez un rat en plein milieu d'une ville ou d'une campagne, il survivra. Mettez un homme en plein milieu du désert, il périra. Disons que l'homme est l'espèce la plus évoluée intellectuellement.
Dieu lui a donné toute la nature environnante. Il en profite. Il en profite avec excès. Personne ne peut nier aujourd'hui que l'homme est en train de pourrir sa planète.

Les religions primitives vénéraient la nature. Le film Avatar en est un bel exemple. Les hommes soignaient avec des plantes et vivaient avec des animaux. Ils respectaient l'un et l'autre. Le monothéisme à tout focalisé sur l'homme. Où est passé Sylvanus, le dieu romain des forêts ? Où est passé Poséidon, le dieu grec de la mer ?

Toutes les espèces de bêtes et d'oiseaux, de reptiles et d'animaux marins, ***sont domptés et ont été domptés par la nature humaine.***

La Bible est-elle juste et impartiale ?

Dieu dit à Abraham : **Je bénirai ceux qui te béniront, et je maudirai ceux qui te maudiront ;** *et toutes les familles de la terre seront bénies en toi.*

°0°

Abram parcourut le pays jusqu'au lieu nommé Sichem, jusqu'aux chênes de Moré. Les Cananéens étaient alors dans le pays. L'Éternel apparut à Abram, et dit : je **donnerai ce pays à ta postérité.**

Dieu a trouvé que le prénom d'Abram n'était pas à son goût, il l'a donc rebaptisé en Abraham.

Rappelons-nous qu'Abram est né à Ur, en Mésopotamie (Irak) et qu'il se trouve actuellement en pays de Canaan, à Sichem (Naplouse en Cisjordanie). Il n'est donc pas chez lui.

En contrepartie d'une obéissance aveugle, **Dieu promet de donner à ses descendants un pays qui n'est pas le sien.**
Le pays appartenait aux Cananéens.
Vous rendez-vous compte, d'une part, de l'injustice de la situation et d'autre part des problèmes de territoire que cela peut poser des siècles après ?

Qu'Abraham s'empare lui-même de ces territoires, c'est déjà un crime, mais que Dieu lui donne un coup de main, cela dépasse l'entendement.

*L'Éternel dit à Abram, après que Loth se fut séparé de lui : Lève les yeux, et, du lieu où tu es, regarde vers le nord et le midi, vers l'orient et l'occident ; car **tout le pays que tu vois, je le donnerai à toi et à ta postérité pour toujours.***
*En ce jour-là, l'Éternel fit alliance avec Abram, et dit : je **donne ce pays à ta postérité**, depuis le fleuve d'Égypte jusqu'au grand fleuve, au fleuve d'Euphrate, **le pays des Kéniens, des Keniziens, des Kadmoniens, des Héthiens, des Phéréziens, des Rephaïm, des Amoréens, des Cananéens, des Guirgasiens et des Jébusiens.***
Pas seulement les Cananéens, les autres aussi !

°0°

Je te donnerai, et à tes descendants après toi,
le pays que tu habites comme étranger,
tout le pays de Canaan, en possession
perpétuelle, et je serai leur Dieu.

C'est un peu comme si Dieu volait un restaurant à son propriétaire pour pouvoir y manger gratuitement tous les jours.
*Deux nations sont dans ton ventre, et deux peuples se sépareront au sortir de tes entrailles ; un de ces peuples sera plus fort que l'autre, et **le plus grand sera assujetti au plus petit.***

Le premier enfant s'appelle Isaac et le second Ismaël. La descendance d'Isaac donnera une population israélite. La descendance d'Ismaël, une population arabe.

Je crois que le Pater a fait une grosse bourde le jour où il a promis ça.

Isaac sema dans ce pays, et il recueillit cette année le centuple ; car l'Éternel le bénit. Cet homme devint riche, et il alla, s'enrichissant de plus en plus, jusqu'à ce qu'il devint fort riche.

Suivons bien le raisonnement de Dieu : "si tu es gentil avec moi, ta production sera meilleure et tu deviendras riche". Et l'on s'étonne que beaucoup de beurs des banlieues pensent que tous les Juifs sont riches. Mais ne nous inquiétons pas, je ne suis pas certain que les beurs des banlieues lisent la Bible. Ils ont mieux à faire. Lire le Coran.

Je suis descendu pour le délivrer de la main des Égyptiens, et pour le faire monter de ce pays dans un bon et vaste pays, dans un pays où coulent le lait et le miel, dans les lieux qu'habitent les Cananéens, les Héthiens, les Amoréens, les Phéréziens, les Héviens et les Jébusiens. Que de victimes innocentes !

À moins que le fait, de ne pas être Juif, soit un crime.

°0°

*Je sais que le roi d'Égypte ne vous laissera point aller, si ce n'est par une main puissante. J'étendrai ma main, et **je frapperai l'Égypte par toutes sortes de prodiges** que je ferai au milieu d'elle. Après quoi, il vous laissera aller. Je ferai même trouver grâce à ce peuple aux yeux des Égyptiens, et quand vous partirez, vous ne partirez point à vide. Chaque femme demandera à sa voisine et à celle qui demeure dans sa maison des vases d'argent, des vases d'or, et des vêtements, que vous mettrez sur vos fils et vos filles. Et **vous dépouillerez les Égyptiens.***

°0°

*Je vous prendrai pour mon peuple, je serai votre Dieu, et vous saurez que c'est moi, l'Éternel, votre Dieu, qui vous affranchis des travaux dont vous chargent les Égyptiens. Je vous ferai entrer dans le pays que j'ai juré de donner à Abraham, à Isaac et à Jacob ; **je vous le donnerai en possession,** moi l'Éternel.*
*Si tu refuses de le laisser aller, et si tu le retiens encore, voici, **la main de l'Éternel sera sur tes troupeaux qui sont dans les champs, sur les***

chevaux, sur les ânes, sur les chameaux, sur les bœufs et sur les brebis ; il y aura une mortalité très grande. L'Éternel distinguera entre les troupeaux d'Israël et les troupeaux des Égyptiens, et il ne périra rien de tout ce qui est aux enfants d'Israël.

°0°

La grêle frappa, dans tout le pays d'Égypte, tout ce qui était dans les champs, depuis les hommes jusqu'aux animaux ; la grêle frappa aussi toutes les herbes des champs, et brisa tous les arbres des champs. *Ce fut seulement dans le pays de Gosen, où étaient les enfants d'Israël, qu'il n'y eut point de grêle.*
l'Éternel endurcit le cœur de Pharaon, et Pharaon ne laissa point aller les enfants d'Israël.

°0°

J'endurcirai le cœur de Pharaon, et il les poursuivra ; mais Pharaon et toute son armée serviront à faire éclater ma gloire, et les Égyptiens sauront que je suis l'Éternel. Et les enfants d'Israël firent ainsi.

°0°

Les Égyptiens que vous voyez aujourd'hui, vous ne les verrez plus jamais. **L'Éternel combattra pour vous.**
L'Éternel dit à Moïse : Étends ta main sur la mer ; et les eaux reviendront sur les Égyptiens, sur leurs chars et sur leurs cavaliers. Moïse étendit sa main sur la mer. Et vers le matin, la mer reprit son impétuosité, et les Égyptiens s'enfuirent à son approche ; mais **l'Éternel précipita les Égyptiens au milieu de la mer.** Les eaux revinrent, et couvrirent les chars, les cavaliers et toute l'armée de Pharaon, qui étaient entrés dans la mer après les enfants d'Israël ; et **il n'en échappa pas un seul.**

Mon ange marchera devant toi, et te conduira chez les Amoréens, les Héthiens, les Phéréziens, les Cananéens, les Héviens et les Jébusiens, et je les exterminerai.
J'enverrai ma terreur devant toi, je mettrai en déroute tous les peuples chez lesquels tu arriveras, et je ferai tourner le dos devant

toi à tous tes ennemis. J'enverrai les frelons devant toi, et ils chasseront loin de ta face les Héviens, les Cananéens et les Héthiens.

°0°

Je les chasserai peu à peu loin de ta face, jusqu'à ce que tu augmentes en nombre et que tu puisses prendre possession du pays.
Je livrerai entre vos mains les habitants du pays, et tu les chasseras devant toi. Tu ne feras point d'alliance avec eux, ni avec leurs dieux.
Ils n'habiteront point dans ton pays, de peur qu'ils ne te fassent pécher contre moi ; car tu servirais leurs dieux, et ce serait un piège pour toi.

Que firent les Hébreux des populations
qui ne voulaient pas quitter leur terre ?

Ils les passèrent au fil de l'épée, tenue par L'Éternel.

°0°

L'Éternel répondit : Voici, je traite une alliance. Je ferai, en présence de tout ton peuple, des prodiges qui n'ont eu lieu dans aucun pays et chez aucune nation ; tout le peuple qui t'environne verra l'œuvre de l'Éternel, et c'est par toi que j'accomplirai des choses terribles.

Car je chasserai les nations devant toi, et j'étendrai tes frontières ; et personne ne convoitera ton pays, pendant que tu monteras pour te présenter devant l'Éternel, ton Dieu, trois fois par an.

Vladimir Poutine doit se prendre pour Dieu.

C'est vous qui posséderez leur pays ;
je vous en donnerai la possession.

Le roi d'Arad, Cananéen, qui habitait le midi, apprit qu'Israël venait par le chemin d'Atharim. Il combattit Israël, et emmena des prisonniers. Alors Israël fit un vœu à l'Éternel, et dit : Si tu livres ce peuple entre mes mains, j'exterminerai ses villes.

L'Éternel entendit la voix d'Israël, et livra les Cananéens.
On les extermina, eux et leurs villes.

°0°

L'Éternel, ton dieu, va te faire entrer dans le pays qu'il a juré à tes ancêtres, à Abraham, Isaac et Jacob... ***Tu posséderas de grandes et bonnes villes que tu n'as pas construites, des maisons pleines de sorte de biens que tu n'as pas remplies, des citernes que tu n'as pas creusées, des vignes et des oliviers que tu n'as pas plantés.***

N'est-ce pas un peu amoral ?!

°0°

Laisse-moi les détruire et effacer leur nom de dessous le ciel, *tandis que je ferai de toi une nation plus puissante et plus nombreuse que ce peuple.*
Tout lieu que foulera la plante de votre pied, je vous le donne.

L'Éternel dit à Josué :

Vois, ***je livre entre tes mains Jéricho*** *et son roi, ses vaillants soldats. Poursuivez vos ennemis,* ***et attaquez-les par derrière ;*** *ne les laissez pas entrer dans leurs villes, car l'Éternel, votre Dieu, les a livrés entre vos mains.*

°0°

Préparez le massacre des fils, *à cause de l'iniquité de leurs pères ! Qu'ils ne se relèvent pas pour conquérir la terre, et remplir le monde d'ennemis ! Je me lèverai contre eux, Dit l'Éternel des armées ; j'anéantirai le nom et la trace de Babylone, Ses descendants et sa postérité, dit l'Éternel. J'en ferai le gîte du hérisson et un marécage, Et je la balaierai avec le balai de la destruction, Dit l'Éternel des armées.*

Je ne sais plus que dire ! J'ai le souffle coupé.

°0°

Cependant, le souverain sacrificateur et tous ceux qui étaient avec lui, à savoir le parti des sadducéens, se levèrent, remplis de jalousie, mirent les mains sur les apôtres, et les jetèrent dans la prison publique. Mais un ange du Seigneur, ayant ouvert pendant la nuit les portes de la prison, les fit sortir, et leur dit : Allez, tenez-vous dans le temple, et annoncez au peuple toutes les paroles de cette vie.

Les sadducéens sont une secte, concurrente à celle de Jésus, qui prêchent dans leur temple. À l'instar de Jésus, les apôtres investissaient ces temples pour y porter "la bonne parole".

Traduction : vendre leur soupe. On comprend aisément l'énervement des tenanciers du lieu. Dire qu'ils étaient jaloux est un euphémisme. Ils en avaient simplement marre de cette nouvelle secte qui bafouait les règles ancestrales et ils en sont venus aux mains. Comme c'était fréquemment le cas.

Le concierge appelle la police qui embarque le quarteron de provocateurs.
Et voilà que Dieu, dans son infinie justice, fait sortir les contrevenants.

À mon avis, vu tout l'argent que la secte récoltait, c'est un bon bakchich qui a remplacé l'ange. Vous y croyez, vous, aux anges ?

La Bible est-elle cohérente ?

Si quelqu'un verse le sang de l'homme, son sang sera versé ;

°0°

Celui qui frappera un homme mortellement sera puni de mort

°0°

*... tu donneras vie pour vie, **œil pour œil, dent pour dent,** main pour main, pied pour pied, brûlure pour brûlure, blessure pour blessure, meurtrissure pour meurtrissure.*
C'est ce qu'on appelle la loi du Talion.

Ces 3 versets proviennent de l'Ancien Testament, alors que dans le Nouveau, on peut lire :
Tu ne tueras point.

Dans la logique des proto-chrétiens (ceux qui étaient chrétiens, avant qu'on leur donne ce nom), l'ancien testament représente les Juifs et le nouveau testament, les Chrétiens.
Un soupçon de plus d'antisémitisme.

***Celui qui aime son père ou sa mère plus que moi n'est pas digne de moi,** et celui qui aime son fils ou sa fille plus que moi n'est pas digne de moi ; celui qui ne prend pas sa croix, et ne me suit pas, n'est pas digne de moi. Celui qui conservera sa vie la perdra, et celui qui perdra sa vie à cause de moi la retrouvera.*

Quitte ta famille et engage-toi dans les troupes de Dieu !

Quiconque parlera contre le Fils de l'homme, il lui sera pardonné ; mais quiconque parlera contre le Saint-Esprit, il ne lui sera pardonné ni dans ce siècle ni dans le siècle à venir.

Si je comprends bien, nous avons le droit de railler Dieu mais pas le Saint-Esprit ?
Je croyais qu'ils ne faisaient qu'un.
J'ai toujours appris que Jésus était l'enfant unique de Dieu mais la lecture de la bible nous fait découvrir une autre vérité.

*N'est-ce pas le fils du charpentier ? N'est-ce pas Marie qui est sa mère ? Jacques, Joseph, Simon et Jude, ne sont-ils pas **ses frères** ? et **ses sœurs** ne sont-elles pas toutes parmi nous ?*

Jésus aurait eu 4 frères et des sœurs cachés ?
À moins que tout le monde ne s'appelle frère, comme dans le langage des banlieues.
°0°

Qui dit-on que je suis, moi, le Fils de l'homme ? Ils répondirent : Les uns disent que tu es Jean-Baptiste ; les autres, Elie ; les autres, Jérémie, ou l'un des prophètes.

L'Ancien Testament prévoyait que le prophète Élie devait revenir en Messie bien plus tôt. Admirez la manière dont Jésus répond à cette objection :
*Les disciples lui posèrent cette question : "Pourquoi donc les spécialistes de la loi disent qu'Élie (le prophète) doit venir d'abord ?" Jésus répondit " ... Élie est déjà venu **mais ils ne l'ont pas reconnu...**"*
(Mat 17.11)

La vérité si je mens !

Pour ajouter à la sauce :

*Comme Jésus s'en allait, au sortir du temple, ses disciples s'approchèrent pour lui en faire remarquer les constructions. Mais il leur dit : Voyez-vous tout cela ? Je vous le dis en vérité, **il ne restera pas ici pierre sur pierre qui ne soit renversée.***

Peut-être faut-il le prendre au deuxième degré. Non, le temple sera détruit.

°0°

Alors Jésus leur dit : Je serai pour vous tous, cette nuit, une occasion de chute ; car il est écrit : Je frapperai le berger, et les brebis du troupeau seront dispersées.

Toujours cette manie de vouloir coller aux textes anciens.

Jésus st sur la croix :

*La sixième heure étant venue, il y eut des ténèbres sur toute la terre, jusqu'à la neuvième heure. Et à la neuvième heure, Jésus s'écria d'une voix forte : **Eloï, Eloï, lama sabachthani** ? Ce qui signifie : Mon Dieu, mon Dieu, pourquoi m'as-tu abandonné ?*
Nous avons vu que Jésus savait qu'il allait être trahi par un de ses proches. Il disait même que cela devait arriver pour accomplir les prophéties de l'Ancien Testament. À part une crise momentanée d'amnésie, il n'y a aucune raison logique que Jésus prononce ces paroles.

À moins qu'il y eut complot et qu'un sosie fut crucifié ?

Je plaisante.

°0°

Le peuple crie :

Que le Christ, le roi d'Israël, descende maintenant de la croix, afin que nous voyions et que nous croyions !

Nous savons que le but de Dieu le père était que les Hébreux adhèrent à la nouvelle croyance. Pourquoi a-t-il accepté que son fils meure ?
Pourquoi n'a-t-il pas donné la preuve irréfutable de son existence et de sa puissance en sauvant le petit ? Là aussi, il n'y a aucune logique. À moins qu'il ait voulu que sa religion soit fondée sur la torture d'un homme.

*Pendant que Jésus parlait, un Pharisien le pria de dîner chez lui. Il entra, et se mit à table. Le pharisien vit avec étonnement qu'il ne s'était pas lavé avant le repas. Mais le Seigneur lui dit : Vous, pharisiens, vous nettoyez le dehors de la coupe et du plat, et à l'intérieur, vous êtes **pleins de rapine et de méchanceté. Insensé !***

Qu'est-ce qu'un pharisien ? C'est le disciple d'une secte concurrente comme les Sadducéens et les Esséniens. Je rappelle que les sectes étaient nombreuses et se faisaient "la guerre".

Le pharisien est loyal et invite Jésus à dîner. La tradition juive voulait que les hommes, avant un repas, fassent leurs ablutions. Au moins qu'ils se lavent les mains. Jésus commet donc une faute de bienséance. Ensuite, face à une question polie, il en profite pour l'insulter son hôte.

Montre-t-il son vrai visage ? Jésus n'est-il pas le doux homme dont on pourrait rêver, mais un dur, manipulateur et chef de gang ?

°0°

*Il trouva dans le temple les vendeurs de bœufs, de brebis et de pigeons, et les changeurs assis. **Ayant fait un fouet avec des cordes**, il les chassa tous du temple, ainsi que les brebis et les bœufs ; il dispersa la monnaie des changeurs, et renversa les tables.*

"Ayant fait un fouet avec des cordes". Ce n'est pas une simple colère spontanée. C'est un acte délibéré et prémédité. N'importe qui déposerait plainte et gagnerait. Pourquoi nous montrer, au XXIᵉ siècle, ce visage agressif de Jésus ? Quelle valeur pour la Bible ? Quelle valeur pour ses lecteurs ? Quelle valeur pour les Chrétiens ?

Et puis... réfléchissons un peu. Le temple dans lequel Jésus pénètre est un temple juif. Il vient mettre le bordel dans un lieu de prière d'une autre confession. Je me souviens maintenant que le divin fils pensait convertir les Juifs en priorité. Même, ce n'est pas une raison pour les prendre à rebrousse-poil.

Jésus, pour diffuser sa propagande, entrait dans les temples, où quelquefois se trouvaient des pharisiens. Dieu a donné, depuis plus 1000 ans, des règles aux Juifs, notamment de respecter le jour du Sabbat. Jésus, lui, s'en affranchissait.

*Sur quoi quelques-uns des pharisiens dirent : Cet homme ne vient pas de Dieu, car **il n'observe pas le sabbat.***

Imaginez un hurluberlu entrant dans une mosquée pour manger un sandwich au jambon qui dirait : je suis le fils d'Allah. Serait-il cru ? (pas le jambon).

Serait-il le bienvenu ?

Les 10 commandements

As-tu entendu parler des 10 commandements que Dieu a dictés à Moïse sur le mont Sinaï ?

En lisant le livre, on en trouve 12 :

1. *Tu n'auras pas d'autre dieu devant moi,*

2. *Tu ne feras pas de sculptures sacrées*

   de ce qui est en haut dans le ciel,

3. *Tu ne te prosterneras pas devant elles*

4. *Tu n'utiliseras pas le nom de ton dieu à la légère*

5. *Souviens-toi de faire du jour du repos un jour saint*

6. *Honore ton père et ta mère*

7. *Tu ne tueras point.*

8. *Tu ne commettras point d'adultère.*

9. *Tu ne déroberas point.*

10. *Tu ne porteras point de faux témoignage*

    contre ton prochain.

11. *Tu ne convoiteras point la maison de ton prochain*

12. *Tu ne convoiteras point la femme de ton prochain,*

    ni son serviteur, ni sa servante, ni son bœuf, ni son âne.

Mais si l'on va sur *opusdei.org*, on en trouve d'autres :

1. *Tu aimeras Dieu par-dessus tout.*

2. *Tu ne prononceras pas le nom de Dieu en vain.*

3. *Tu sanctifieras les fêtes.*

4. *Tu honoreras ton père et ta mère.*

5. *Tu ne tueras pas.*

6. *Tu ne commettras pas d'actes impurs.*

7. *Tu ne voleras pas.*

8. *Tu ne porteras pas de faux témoignage ni ne mentiras.*

9. *Tu ne te laisseras pas aller à des pensées*
   ou des désirs impurs.

10. *Vous ne devez pas convoiter la propriété d'un autre homme.*

Et quand on lit l'évangile de Matthieu :

Maître, quel est le plus grand commandement de la loi ? Jésus lui répondit : Tu aimeras le Seigneur, ton Dieu, de tout ton cœur, de toute ton âme, et de toute ta pensée. C'est le premier et le plus grand commandement. Et voici le second, qui lui est semblable : tu aimeras ton prochain comme toi-même.

Et dans la bible de Jérusalem :

1. *Un seul Dieu, tu adoreras et aimeras parfaitement.*

2. *Son saint nom, tu respecteras,*

   fuyant blasphème et faux serment.

3. *Le jour du Seigneur garderas,*

   en servant Dieu dévotement.

4. *Tes père et mère, honoreras, tes supérieurs pareillement.*

5. *Tu ne tueras pas.*

6. *Tu ne commettras pas d'adultère.*

7. *Tu ne voleras pas.*

8. *Tu ne porteras pas de témoignage mensonger*

   contre ton prochain.

9. *Tu ne convoiteras pas la maison*

   ou la femme de ton prochain.

10. *Tu ne convoiteras rien de ce qui est à ton prochain.*

°0°

Le Christianisme s'appuie sur le fait que Jésus est le fils de Dieu. Le Messie. La Bible s'évertue à en donner des preuves, notamment en faisant référence à l'Ancien Testament.

Lisez ce qui est, **d'après les sages**, la preuve que l'Ancien Testament **avait prédit** la venue de Jésus :

*Puis un rameau sortira du tronc d'Isaï, et **un rejeton naîtra de ses racines.** L'Esprit de l'Éternel reposera sur lui : Esprit de sagesse et d'intelligence, Esprit de conseil et de force, Esprit de connaissance et de crainte de l'Éternel. Il respirera la crainte de l'Éternel ; Il ne jugera point sur l'apparence, Il ne prononcera point sur un ouï-dire. Mais **il jugera les pauvres avec équité.** Et il prononcera avec droiture sur les malheureux de la terre ; il frappera la terre de sa parole comme d'un bâton. Et **du souffle de ses lèvres, il fera mourir le méchant.***

*La justice sera la ceinture de ses flancs, et la fidélité la ceinture de ses reins. Le loup habitera avec l'agneau, et la panthère se couchera avec le chevreau ; Le veau, le lionceau, et le bétail qu'on engraisse, seront ensemble, et un petit enfant les conduira. La vache et l'ourse auront un même pâturage, Leurs petits un même gîte ; et le lion, comme le bœuf, mangera de la paille. Le nourrisson s'ébattra sur l'antre de la vipère, et l'enfant sevré mettra sa main dans la caverne du basilic. Il ne se fera ni tort ni dommage Sur toute ma montagne sainte ; car la terre sera remplie de la connaissance de l'Éternel, Comme le fond de la mer par les eaux qui le couvrent. En ce jour, **le rejeton d'Isaï sera là comme une bannière pour les peuples ; Les nations se tourneront vers lui.** Et la gloire sera sa demeure.*

*Dans ce même temps, le Seigneur étendra une seconde fois sa main, **pour racheter le reste de son peuple**, dispersé en Assyrie et en Égypte, A Pathros et en Éthiopie, A Elam, à Échinera et à Hamath, Et dans les îles de la mer. Il élèvera une bannière pour les nations, il rassemblera les exilés d'Israël, et il recueillera les dispersés de Juda, Des quatre extrémités de la terre.*

Si c'est une preuve de l'arrivée de Jésus, je veux bien donner mon pénis à couper.

Je veux dire : me circoncire.

La Bible véhicule-t-elle des coquecigrues ?

Définition de coquecigrue : *récit imaginaire, absurdité.*

Voici un petit chapitre pour se détendre,
après cette littérature violente.

C'est un florilège de versets qui, à mon avis, n'ont pas trop leur place dans un livre sacré.

*Lorsqu'un homme aura **la tête dépouillée de cheveux, c'est un chauve** : il est pur. S'il a la tête dépouillée de cheveux du côté de la face, c'est un chauve par-devant : il est pur.*

°0°

Tu ne coucheras point avec un homme comme on couche avec une femme. C'est une abomination.

Aujourd'hui, nous parlerions d'homophobie. Mais n'oublions pas que des esprits égarés peuvent se servir de ces phrases pour légitimer des actes de violence envers les homosexuels.

°0°

Si un homme couche avec sa tante,... ils porteront la peine de leur péché, ils mourront sans enfant.

Vous ne ***vous raserez pas entre les yeux*** pour un décès.

Josué, fils de Nun, fit partir secrètement de Sitim deux espions, en leur disant : Allez, examinez le pays, et en particulier Jéricho. **Ils partirent, et ils arrivèrent dans la maison d'une prostituée,** *qui se nommait Rahab, et ils y couchèrent.*

Ce n'est pas dans la vigueur du cheval qu'il se complaît, ce n'est pas dans les jambes de l'homme qu'il met son plaisir ; l'Éternel aime ceux qui le craignent, Ceux qui espèrent en sa bonté.

°0°

La crainte de l'Éternel est le commencement de la science.

°0°

La fortune est pour le riche une ville forte ;
La ruine des misérables, c'est leur pauvreté.

Ce que le vinaigre est aux dents et la fumée aux yeux,
tel est le paresseux pour celui qui l'envoie.

°0°

Un témoin fidèle ne ment pas,
mais un faux témoin dit des mensonges.
Rencontre une ourse privée de ses petits,
plutôt qu'un insensé pendant sa folie.

°0°

La prostituée est une fosse profonde,
et l'étrangère un puits étroit.

Tes yeux se porteront sur des étrangères,
et ton cœur parlera d'une manière perverse.

°0°

La porte tourne sur ses gonds,
et le paresseux sur son lit.

°0°

Le paresseux plonge sa main dans le plat,
et il trouve pénible de la ramener à sa bouche.

°0°

Jean lui a rendu témoignage, et s'est écrié :

C'est celui dont j'ai dit : Celui qui vient après moi m'a précédé,
car il était avant moi.

°0°

L'exercice corporel est utile à peu de chose,
tandis que la piété est utile à tout.

°0°

Parlez aux enfants d'Israël, et dites : Voici les animaux dont vous
mangerez parmi toutes les bêtes qui sont sur la terre. Vous mangerez
de tout animal qui a la corne fendue, le pied fourchu, et qui rumine.
Mais vous ne mangerez pas de ceux qui ruminent seulement, ou qui
ont la corne fendue seulement. Ainsi, vous ne mangerez pas le
chameau, qui rumine, mais qui n'a pas la corne fendue : vous le
regarderez comme impur.

Vous ne mangerez pas le lièvre, qui rumine, mais qui n'a pas la corne fendue : vous le regarderez comme impur.

Vous ne mangerez pas le porc, *qui a la corne fendue et le pied fourchu, mais qui ne rumine pas : vous le regarderez comme impur. Vous ne mangerez pas de leur chair, et vous ne toucherez pas leurs corps morts : vous les regarderez comme impurs.*

°0°

Voici les animaux dont vous mangerez parmi tous ceux qui sont dans les eaux. Vous mangerez de tous ceux qui ont des nageoires et des écailles, et qui sont dans les eaux, soit dans les mers, soit dans les rivières.

Mais vous aurez en abomination tous ceux qui n'ont pas des nageoires et des écailles, parmi tout ce qui se meut dans les eaux, et tout ce qui est vivant dans les eaux, soit dans les mers, soit dans les rivières. Vous les aurez en abomination, vous ne mangerez pas de leur chair, et vous aurez en abomination leurs corps morts.

Voici, parmi les oiseaux, ceux que vous aurez en abomination, et dont on ne mangera pas : l'aigle, l'orfraie et l'aigle de mer ; le milan, l'autour, et ce qui est de son espèce ; le corbeau et toutes ses espèces ; l'autruche, le hibou, la mouette, l'épervier et ce qui est de son espèce ; le chat-huant, le plongeon et la chouette ; le cygne, le pélican et le cormoran ; la cigogne, le héron et ce qui est de son espèce, la huppe et la chauve-souris.

Vous aurez en abomination **tout reptile qui vole et qui marche sur quatre pieds.** *Mais, parmi tous les reptiles qui volent et qui marchent sur quatre pieds,* **vous mangerez ceux qui ont des jambes au-dessus de leurs pieds, pour sauter sur la terre.**

Voici ceux que vous mangerez : la sauterelle, le solam, le hargol et le hagab, selon leurs espèces. Vous aurez en abomination tous les autres reptiles qui volent et qui ont quatre pieds.

Voici, parmi les animaux qui rampent sur la terre, ceux que vous regarderez comme impurs : la taupe, la souris et le lézard, selon leurs espèces ; le hérisson, la grenouille, la tortue, le limaçon et le caméléon. Vous les regarderez comme impurs parmi tous les reptiles : quiconque les touchera morts sera impur jusqu'au soir.

Tout objet sur lequel tombera quelque chose de leurs corps morts sera souillé, ustensile de bois, vêtement, peau, sac, tout objet dont on fait usage ; il sera mis dans l'eau, et restera souillé jusqu'au soir ; après quoi, il sera pur.
*Lorsqu'un homme ou une femme aura **une plaie à la tête ou à la barbe,** le sacrificateur examinera la plaie. Si elle paraît plus profonde que la peau, et qu'il y ait du poil jaunâtre et mince, le sacrificateur déclarera cet homme impur.*

°0°

*Vous observerez mes lois. Tu n'accoupleras point des bestiaux de deux espèces différentes ; tu n'ensemenceras point ton champ de deux espèces de semences ; et **tu ne porteras pas un vêtement tissé de deux espèces de fils.***

Le Dieu des Juifs - et des Chrétiens, ne l'oublions pas - n'est pas le seul dans cet exercice. Nous avons tous entendu parler du Halal et du Haram.

Jésus sur la croix :

*Après cela, Jésus, qui savait que tout était déjà consommé, dit, afin que l'Écriture fût accomplie : j'**ai soif.***

J'imagine mal un condamné, suspendu depuis des heures et sachant que son dernier soupir est proche, dire : "J'ai soif !" Pourquoi pas "quelle heure est-il" ou "J'ai envie de faire pipi".

Il est encore écrit *"Afin que l'écriture soit accomplie".*

J'imagine plutôt un re-copieur zélé rajouter ces quelques mots des siècles plus tard.

°0°

*Ne savez-vous pas que **l'amour du monde** est synonyme de haine contre Dieu ? Celui donc qui veut être ami du monde se rend ennemi de Dieu.*

Pour être un bon Chrétien, il faut aimer Dieu mais pas le monde. C'est vulgaire.

*À vous maintenant les riches ! Pleurez et gémissez à cause des malheurs qui viendront sur vous. **Vos richesses sont pourries** et vos vêtements rongés par les mites. Votre or et votre argent sont rouillés et leur rouille s'élèvera en témoignage contre vous et dévorera votre chair comme un feu.* (Jacques 5.1)

Karl Marx, sors de ce corps !

Vivre en Jésus, est-ce cool ?

*Pendant qu'ils mangeaient, Jésus prit du pain ; et, après avoir rendu grâces, il le rompit, et le donna aux disciples, en disant : Prenez, mangez, **ceci est mon corps**. Il prit ensuite une coupe ; et, après avoir rendu grâces, il la leur donna, en disant : Buvez-en tous ; car **ceci est mon sang**,*

Nous trouvons cela naturel, car nous l'avons entendu depuis notre plus tendre enfance. Mais réfléchissons à la réalité du message : Jésus, Dieu fait homme, nous demande de manger son corps et de boire son sang ! Sommes-nous au bal des vampires ?

Tu me diras : *oui, mais c'est une image !*
Que nenni ! L'Église catholique affirme que, au moment de la communion, l'hostie que l'on ingère et le vin que le curé boit se transforment instantanément en corps et en sang du Christ. Demandez à un curé !

Celui qui mange ma chair et qui boit mon sang a la vie éternelle ; et je le ressusciterai au dernier jour.

Les apôtres se retirèrent de devant le sanhédrin, joyeux d'avoir été jugés dignes d'être maltraités pour le nom de Jésus.

Apologie du masochisme.
*Nous portons toujours, avec nous dans notre corps, **l'agonie de Jésus**, afin que sa vie soit aussi manifestée dans notre corps.*

En effet, quelle gloire y a-t-il à supporter de mauvais traitements pour avoir commis des fautes ? **Mais si vous supportez la souffrance lorsque vous faites ce qui est bien, c'est une grâce devant Dieu.**
Et c'est à cela que vous avez été appelés, parce que Christ aussi a souffert pour vous, vous laissant un exemple, afin que vous suiviez ses traces.

°0°

Si quelqu'un souffre comme chrétien, qu'il n'en ait point honte, et que plutôt, il glorifie Dieu à cause de ce nom.

La Bible est pleine de surprises

*Jésus poussa de nouveau un grand cri, et rendit l'esprit. Et voici, le voile du temple se déchira en deux, depuis le haut jusqu'en bas, la terre trembla, les rochers se fendirent, les sépulcres s'ouvrirent, et plusieurs **corps des saints qui étaient morts ressuscitèrent.***

°0°

*Survinrent sa mère **et ses frères,** qui, se tenant dehors.*

*N'est-ce pas le charpentier, le fils de Marie, le **frère de Jacques, de Joses, de Jude et de Simon ?***
et ses sœurs ne sont-elles pas ici parmi nous ?

Je ne vis aucun autre des apôtres, si ce n'est Jacques, le frère du Seigneur. (Paul)

Jésus avait bien des frères et des sœurs !

Il y avait là, vers la montagne, un grand troupeau de pourceaux qui paissaient. Et les démons le prièrent, disant : Envoie-nous dans ces pourceaux, afin que nous entrions en eux. Il le leur permit. Et les esprits impurs sortirent, entrèrent dans les pourceaux, et le troupeau se précipita des pentes escarpées dans la mer : il y en avait environ 2000, et ils se noyèrent dans la mer.

Nous apprenons que les démons, ou le démon, peut investir le corps d'un cochon. Je comprends mieux pourquoi certaines religions interdisent sa consommation.

Ayant entendu parler de Jésus, elle vint dans la foule par derrière, et touETEa son vêtement. Car elle disait : Si je puis seulement toucher ses vêtements, je serai guérie. Au même instant, la perte de sang s'arrêta, et elle sentit dans son corps qu'elle était guérie de son mal. Jésus connut aussitôt en lui-même qu'une force était sortie de lui ;

Jésus peut guérir même avec ses vêtements !

°0°

La femme de Zacharie *est stérile. L'ange Gabriel intervint et quelque temps après, Élisabeth, sa femme, devint enceinte.... Au sixième mois, l'ange Gabriel fut envoyé par Dieu dans une ville de Galilée, appelée Nazareth, auprès d'une* **vierge** *fiancée à un homme de la maison de David, nommé Joseph. Le nom de la vierge était Marie.*

La Bible tient à nous dire que l'Ange Gabriel, messager de Dieu, fait en sorte qu'une femme stérile ait un enfant et que six mois après, il fait la même démarche auprès de Marie. Quel intérêt pour le récit ? Je ne sais pas.

Sauf qu'il vaut mieux une femme vierge qu'une femme stérile.
Marie dit à l'ange : Comment cela se fera-t-il, puisque je ne connais point d'homme ? L'ange lui répondit : Le Saint-Esprit viendra **sur toi**, *et la puissance du* **Très-Haut te couvrira de son ombre.**

Ce verset est curieux. Nous savons que Marie connaît un homme : Joseph.

<u>Décryptons</u> : "comment est-ce possible puisque je n'ai jamais fait l'amour". L'ange lui répondit : "Le Saint-Esprit viendra te pénétrer et Dieu cachera la scène."

Pourquoi avoir commis un acte divin par un acte sexuel ?
Dieu aurait pu le faire d'un claquement de doigts. À condition qu'il ait des doigts.

Les parents de Jésus allaient chaque année à Jérusalem, à la fête de Pâque. Lorsqu'il fut âgé de **douze ans,** *ils y montèrent, selon la coutume de la fête. Puis, quand les jours furent écoulés, et qu'ils s'en retournèrent, l'enfant Jésus resta à Jérusalem.* **Son père et sa mère ne s'en aperçurent pas.**

Comment imaginer qu'un père et qu'une mère oublient leur enfant dans une ville grouillant d'inconnus ? D'autant plus que Marie avait été avertie de la sainteté et de la préciosité de son rejeton.

°0°

Jésus, portant sa croix, arriva au lieu du crâne, qui se nomme en hébreu Golgotha. C'est là qu'il fut crucifié, et deux autres avec lui, un de chaque côté, et Jésus au milieu. Pilate fit une inscription, qu'il plaça sur la croix, et qui était ainsi conçue : Jésus de Nazareth, roi des Juifs. Beaucoup de Juifs lurent cette inscription, parce que le lieu où Jésus fut crucifié était près de la ville : elle était **en hébreu, en grec et en latin.**

J'ai toujours appris, et même lu et vu sur un tableau, que le Christ portait, au-dessus de sa croix, l'inscription INRI : Jésus de Nazareth, Roi des Juifs.

Une autre chose me tracasse. Qui a rédigé cette inscription ? Ponce Pilate ou un de ses soldats ? Certainement pas, car Rome respectait et protégeait la vie des chefs ennemis. Ses disciples ? Sûrement pas. Ils auraient pu écrire "Le roi des Chrétiens" mais ç'eût été un anachronisme. De plus, la secte était fâchée avec les Juifs. Les autres sectes ? Non plus. Elles avaient certainement leur propre roi et ne qualifieraient pas ainsi un condamné à mort.

D'ailleurs, il y a des versions différentes selon les évangiles. Je pense donc qu'il s'agit d'une invention des copieurs.

*Il y avait auparavant dans la ville un homme nommé Simon, qui, se donnant pour un personnage important, **exerçait la magie** et provoquait l'étonnement du peuple de la Samarie. Tous, depuis le plus petit jusqu'au plus grand, l'écoutaient attentivement, et disaient : Celui-ci est la puissance de Dieu, celle qui s'appelle la grande. Ils l'écoutaient attentivement, parce qu'il les avait longtemps étonnés par ses actes de magie.*

Nous avons ici la confirmation que Jésus et ses disciples n'étaient pas les seuls à pratiquer la magie. Jésus avec l'aide de Dieu et Simon avec l'aide de son magnétisme naturel. Mais qu'est-ce qui nous prouve que Jésus et ses disciples n'utilisaient pas les mêmes armes pour convaincre qu'ils étaient des envoyés de Dieu ? Ce n'est pas une certitude, mais c'est une possibilité. Surtout si l'on ne croit pas aux miracles.

Suite de l'histoire.

Lorsque Simon vit que le Saint-Esprit était donné par l'imposition des mains des apôtres, ***il leur offrit de l'argent,*** en disant : Accordez-moi aussi ce pouvoir, afin que celui à qui j'imposerai les mains reçoive le Saint-Esprit.

Décryptons : Simon a une grande audience, mais moins que celle des disciples qui promettent la vie éternelle. Il va donc chercher à obtenir le droit d'invoquer le Saint-Esprit contre argent sonnant et trébuchant. C'est ce qu'on appelle de nos jours un achat de licence ou de franchise.

La Bible nous affirme que les apôtres n'ont pas accepté. Sachant qu'ils avaient besoin d'argent et qu'ils avaient l'habitude de "convaincre" les donateurs, on peut se poser la question.

Simon n'a-t-il pas proposé assez ?

Paul de Tarse
dit Saint-Paul

Suite à son retournement de veste, provoqué par un attentat au poison, Paul est devenu le principal atout de la nouvelle secte des Chrétiens.

C'est lui qui avec courage et obstination fit le tour de la Méditerranée pour propager la parole de Dieu et du Christ. Il a risqué sa vie, passé une bonne partie de son temps en prison, essuyé les insultes et les coups bas, mais il a résisté. Un parfait VRP.

Sans lui, nous ne serions pas Chrétiens aujourd'hui.

Voici quelques extraits de ses épîtres :
*Paul et Barnabas … restèrent cependant assez longtemps à Icone, parlant avec assurance, appuyés sur le Seigneur, qui rendait témoignage à la parole de sa grâce et permettait qu'il se fît par leurs mains **des prodiges et des miracles.***

Paul, qui n'était pas un enfant de chœur, utilisait les mêmes méthodes de magie que les disciples. Il avait hérité de la franchise du Saint-Esprit et de ses outils après le rapt de Damas.

Paul porte aussi à son actif d'être organisé et persévérant.
*Quelques jours s'écoulèrent, après lesquels Paul dit à Barnabas : **Retournons visiter les frères dans toutes les villes** où nous avons annoncé la parole du Seigneur, pour voir en quel état ils sont.*

Pendant la nuit, Paul eut une vision : un Macédonien lui apparut, et lui fit cette prière : Passe en Macédoine, secours-nous !

Cet argument est courant. C'est un peu le même que celui de Vladimir Poutine quand il envahit l'Ukraine, en disant la même chose.

*Paul et Silas passèrent par Amphipolis et Apollonie, et ils arrivèrent à Thessalonique, où les Juifs avaient une synagogue. **Paul y entra, selon sa coutume.** **Pendant trois sabbats, il discuta avec eux,** d'après les Écritures, expliquant et établissant que le Christ devait souffrir et ressusciter des morts. Et Jésus que je vous annonce, disait-il, c'est lui qui est le Christ. Quelques-uns d'entre eux furent persuadés, et se joignirent à Paul et à Silas, ainsi qu'une grande multitude de Grecs craignant Dieu, et beaucoup de femmes de qualité.*

Pourquoi beaucoup de femmes ? Peut-être un rajout postérieur ?

°0°

*Comme Paul les attendait à Athènes, il sentait au dedans de lui son esprit s'irriter, à la vue de cette ville pleine d'idoles. Il s'entretenait donc dans la synagogue avec les Juifs et les hommes craignant Dieu, et **sur la place publique chaque jour avec ceux qu'il rencontrait.***

*Paul, debout au milieu de l'Aréopage, dit : Hommes Athéniens, je vous trouve à tous égards extrêmement religieux. Car, en parcourant votre ville et en considérant les objets de votre dévotion, j'ai même découvert un autel avec cette inscription : **A un dieu inconnu !** Ce que vous révérez sans le connaître, c'est ce que je vous annonce.*

Ces versets reflètent le talent de communication de Paul.
Mais il est dommage, que cette ville, qui vénérait certainement plusieurs dieux et accueillait même un dieu qu'elle ne connaissait pas, soit happée par le monothéisme.

*... car en lui nous avons la vie, le mouvement, et l'être. **C'est ce qu'ont dit aussi quelques-uns de vos poètes** : De lui nous sommes la race...*

Nous voyons que Paul s'est renseigné sur la culture locale avant de prospecter.

°0°

*Saul resta encore assez longtemps à Corinthe. Ensuite, il prit congé des frères, et s'embarqua pour la Syrie, avec Priscille et Aquilas, **après s'être fait raser la tête** à Cenchrées, car il avait fait un vœu.*

Ce changement d'apparence correspond, en même temps, à une radicalisation du personnage.

°0°

*Ensuite Paul entra dans la synagogue, où il parla librement. **Pendant trois mois,** il discourut sur les choses qui concernent le royaume de Dieu, s'efforçant de persuader ceux qui l'écoutaient.*

°0°

Et Dieu faisait des miracles extraordinaires par les mains de Paul, au point qu'on appliquait sur les malades des linges ou des mouchoirs qui avaient touché son corps, et les maladies les quittaient, et les esprits malins sortaient.

°0°

*Et **un certain nombre de ceux qui avaient exercé les arts magiques,** ayant apporté leurs livres, les brûlèrent devant tout le monde : on en estima la valeur à 50.000 pièces d'argent. C'est ainsi que la parole du Seigneur croissait en puissance et en force.*

Je pense qu'il s'agit plutôt d'un autodafé répressif que d'un don volontaire des fameux magiciens. Nous savons que des autodafés ont été pratiqués plus tard.

*Jésus-Christ notre Seigneur, par qui nous avons reçu la grâce et l'apostolat, pour amener en son nom à **l'obéissance de la foi tous les païens***

Objectif de grande envergure. Il est vrai que cette petite secte issue du pays d'Israël a bien fait son chemin en 2000 ans.

<u>Voici comment Paul parle des incroyants aux Romains</u> :

*C'est pourquoi Dieu les a livrés à des passions infâmes : **car leurs femmes ont changé l'usage naturel en celui qui est contre-nature ;** et de même les hommes, abandonnant l'usage naturel de la femme, se sont enflammés dans leurs désirs les uns pour les autres, **commettant homme avec homme des choses infâmes,** et recevant en eux-mêmes le salaire que méritait leur égarement. Comme ils ne se sont pas souciés de connaître Dieu, Dieu les a livrés à leur sens réprouvé, pour commettre des choses indignes, tant remplis de toute **espèce d'injustice, de méchanceté, de cupidité, de malice ;** pleins **d'envie, de meurtre, de querelle, de ruse, de malignité ; rapporteurs, médisants, impies, arrogants, hautains, fanfarons, ingénieux au mal, rebelles à leurs parents, dépourvus d'intelligence,** de loyauté, d'affection naturelle, de miséricorde.*

On perçoit bien la radicalisation de Paul, qui se porte, comme on le lit, sur la sexualité. C'est à se demander s'il ne souffrait pas d'un problème de cet ordre.

Paul était souvent accompagné d'un "compagnon". Peut-être était-il homosexuel ?

Il n'y a rien de mal à cela mais il ne l'aurait pas assumé.

Paul faisait aussi une fixation sur la circoncision,
signe distinctif des Juifs.

Ce bonheur n'est-il que pour les **circoncis**, *ou est-il également pour les* **incirconcis ?** *Car nous disons que la foi fut imputée à justice à Abraham. Comment donc lui fut-elle imputée ? Était-ce après, ou avant sa* **circoncision ?** *Il n'était pas encore* **circoncis,** *il était* **incirconcis.** *Et il reçut le signe de la* **circoncision,** *comme sceau de la justice qu'il avait obtenue par la foi quand il était* **incirconcis,** *afin d'être le père de tous les* **incirconcis** *qui croient, pour que la justice leur fût aussi imputée, et le père des* **circoncis,** *qui ne sont pas seulement* **circoncis,** *mais encore qui marchent sur les traces de la foi de notre père Abraham quand il était* **incirconcis.**

°0°

Il se radicalise aussi sur la **servilité** et la **souffrance**.

Mais maintenant, étant affranchis du péché et devenus **esclaves de Dieu,** *vous avez pour fruit la sainteté et pour fin la vie éternelle.*
Et **l'affection de la chair,** *c'est la mort, tandis que l'affection de l'esprit, c'est la vie et la paix ; car l'affection de la chair est inimitié contre Dieu, parce qu'elle ne se soumet pas à la loi de Dieu, et qu'elle ne le peut même pas. Or ceux qui vivent selon la chair ne sauraient plaire à Dieu.*

Par "chair", entendez les plaisirs de la vie. Le sexe entre autres.

°0°

Si vous vivez selon la chair, vous mourrez.

°0°

Je vous exhorte donc, frères, par les compassions de Dieu, à **offrir vos corps comme un sacrifice vivant,** *saint, agréable à Dieu, ce qui sera de votre part un culte raisonnable.*

Par la grâce qui m'a été donnée, je dis à chacun de vous de n'avoir pas de lui-même une trop haute opinion, mais de revêtir des sentiments **modestes.**

°0°

Réjouissez-vous en espérance. **Soyez patients dans l'affliction.** *Persévérez dans la prière. Pourvoyez aux besoins des saints.*

°0°

N'aspirez pas à ce qui est élevé,
mais laissez-vous attirer par ce qui est humble.

°0°

Paul rappelle qu'il est écrit dans l'Ancien Testament :

Je ferai disparaître la sagesse des sages
et j'anéantirai l'intelligence des intelligents.

Dieu a choisi les choses folles du monde de couvrir la honte des Sages et Dieu a choisi les choses faibles du monde pour couvrir de honte les fortes. Dieu a choisi les choses basses et méprisées du monde, celles qui ne sont rien, pour réduire à néant celles qui sont.
(Corinthiens 1.27)
L'un de vous a pris la femme de son père... Quand vous vous rassemblerez au nom de notre Seigneur, **livrez un tel homme à Satan** *pour la destruction de la nature pécheresse...*

°0°

Je vous écris dans ma lettre de ne pas entretenir de relations avec ceux qui vivent dans **l'immoralité sexuelle.**
Ne vous y trompez pas, ni ceux qui vivent dans l'immoralité sexuelle, ni les idolâtres, ni les adultères, ni les travestis, ni les **homosexuels**, *ni les voleurs,* **ni les hommes désireux de posséder plus,** *ni les ivrognes, ni les calomniateurs, ni les exploiteurs n'hériteront du Royaume des Cieux.*

La culpabilité, que l'Église catholique fait peser sur la sexualité, vient en grande partie du modèle de Paul de Tarse.

°0°

Le corps n'est pas pour l'immoralité sexuelle,
il est pour le Seigneur et le Seigneur est pour le corps.
Ne savez-vous pas que vos corps sont les membres du Christ ?

°0°

Au sujet de ce que vous m'avez écrit,
il est bon que l'homme ne prenne pas de femme. *(1 Corinthiens 7.1)*

À ceux qui ne sont pas mariés et aux veuves, je dis qu'il est bien pour eux de rester comme moi (abstinent). Mais s'ils ne peuvent pas se maîtriser, qu'ils se marient, car **il vaut mieux se marier que de brûler de désir.**

°0°

Les personnes mariées connaissent des souffrances dans leur vie et je voudrais vous les épargner.

°0°

Paul, en plus d'un fin stratège et d'un prédicteur opiniâtre, est un opportuniste qui ne rechigne pas à tourner sa veste du côté velours, quand il le faut.

Avec les Juifs, j'ai été comme un Juif afin de gagner les Juifs.

Avec ceux qui sont sous la loi de Moïse, comme si j'étais sous la loi afin de gagner ceux qui sont sous la loi.

Avec ceux qui sont sans la loi, comme si j'étais sans la loi afin de gagner ceux qui sont sans la loi.

J'ai été faible avec les faibles afin de gagner les faibles.
(1 Corinthiens 9.20)

Il rappelle les morts pendant l'exode et utilise un des arguments fétiche de la prédication chrétien : "si vous perdez la vie, c'est votre faute".

*La plupart d'entre eux n'ont pas été approuvés par Dieux puisqu'ils sont morts. Or ces faits sont arrivés pour nous servir d'exemple, afin que nous n'ayons pas de mauvais désirs comme eux en ont eu. Ne nous montrons pas idolâtre comme certains d'entre eux. ... **Ne nous livrons pas non plus à l'immoralité sexuelle comme certains d'entre eux l'ont fait de sorte que 23.000 sont tombés en un seul jour.***

°0°

Ne provoquons pas Christ comme certains l'ont fait ***si bien sont morts victimes de serpents.***

°0°

Ne murmurez pas comme certains l'ont fait, de sorte qu'ils sont morts sous les coups du destructeur.

Le destructeur, c'est Dieu.

°0°

Avant d'arriver en Macédoine, Paul écrit à ses habitants :

*J'ai jugé nécessaire d'encourager les frères pour s'occuper de **l'offrande que vous aviez promise.** Sachez-le, **qui sème peu moissonnera peu** et qui sème abondamment moissonnera abondamment.*

*Que chacun donne comme il l'a décidé dans son cœur, sans regret ni contrainte, **car Dieu aime celui qui donne avec joie.***

Dieu peut vous combler de toutes ses grâces afin que vous possédiez toujours de quoi satisfaire vos besoins...

Ainsi, vous serez enrichis *pour toutes sortes d'actes de générosité qui, par notre intermédiaire, fera monter des prières de reconnaissance vers Dieu.* (2 Corinthiens 9.6-11)

Bien que très pieux, l'apôtre ne crachait pas sur un petit billet. Mais il le demandait avec une telle élégance !

J'ai dépouillé d'autres Églises en recevant d'elles un salaire pour vous servir.
Au moins, il est franc.

°0°

Et pour que je ne sois pas rempli d'orgueil... j'ai reçu une écharde dans le corps, un ange de Satan... C'est pourquoi je me plais dans les faiblesses, dans les insultes, dans les détresses, dans les persécutions, dans les angoisses pour Christ...

Que représente l'écharde de Paul ? Personne ne le sait mais beaucoup ont réfléchi.

Il se savait brillant, c'est donc une écharde d'ordre physique. Le rendant laid ? Est-ce une conséquence de l'agression de Damas ? Est-ce un problème sexuel ?
L'écharde désigne un objet dur et pénétrant dans le corps ?

°0°

*Je m'étonne que vous vous détourniez si promptement de celui qui vous a appelés par la grâce de Christ, pour passer à un autre Évangile. Non pas qu'il y ait un autre Évangile, mais il y a des gens qui vous troublent, et qui veulent renverser l'Évangile de Christ. Mais, quand nous-mêmes, quand un ange du ciel annoncerait un autre Évangile que celui que nous vous avons prêché, **qu'il soit maudit** !*
Ces versets nous renseignent sur l'environnement dans lequel Paul évoluait. La concurrence de sectes et d'évangiles était très forte. Il existe d'ailleurs des évangiles "secrets" appelés évangiles apocryphes que l'Église a écartés de la Bible. Pourquoi ?

Exemples de l'austérité de Paul :

*Les œuvres de **la nature humaine** sont manifestes, ce sont **l'impudicité, l'impureté**, la **dissolution, l'idolâtrie**, la **magie**, les **inimitiés**, les **querelles**, les **jalousies**, les **animosités**, les **disputes**, les **divisions**, les **sectes**, l'**envie**, l'**ivrognerie, les excès de table**, et les choses semblables. Je vous dis d'avance, comme je l'ai déjà dit, que ceux qui commettent de telles choses n'hériteront point le royaume de Dieu.*

Aimez votre prochain et le monde sera meilleur
Faites donc mourir en vous ce qui est terrestre, *l'impudicité, l'impureté, les passions, les mauvais désirs, et la cupidité, qui est une idolâtrie. C'est à cause de ces choses que la colère de Dieu vient sur les fils de la rébellion...*

°0°

Faites tout sans murmures ni contestations.

°0°

*Prenez garde aux chiens, prenez garde aux mauvais ouvriers, **prenez garde aux faux circoncis.** Car les circoncis, c'est nous...*

(Philippiens 3.2)
Encore une attaque contre les Juifs.

°0°

*Ce que Dieu veut, c'est votre progression dans la sainteté. C'est que vous vous absteniez de l'immoralité sexuelle et que chacun de vous garde son corps dans la consécration et la dignité, **sans se livrer à la passion du désir...***
*Je veux aussi que les femmes, **vêtues d'une manière décente,** avec pudeur et modestie, ne se parent ni de tresses, ni d'or, ni de perles, ni d'habits somptueux, mais qu'elles se parent de bonnes œuvres, comme il convient à des femmes qui font profession de servir Dieu.*

*Sentez votre misère ; soyez dans le deuil et dans les larmes ; que votre rire se change en deuil, et votre joie en tristesse. **Humiliez-vous devant le Seigneur,** et il vous élèvera.*

°0°

Une belle envolée lyrique pour stigmatiser les incroyants :

*Ce sont des écueils dans vos agapes, où ils festoient sans scrupules et ne prennent soin d'eux-mêmes. Ce sont **des nuages sans eau** emportés par le vent, des arbres d'automne sans fruit, **des vagues furieuses de la mer** qui rejettent **l'écume de leur impureté,** des astres errants auxquels l'obscurité des ténèbres est réservée pour l'éternité.*

La plus grande tromperie de la Bible

Je qualifierai de plus grand couac, une **promesse fréquente** qui n'a jamais été tenue : l'arrivée de **l'Apocalypse**. Cet événement, annoncé par tous, avait pour unique but de faire peur aux populations afin de les inciter à se convertir.

L'Apocalypse est un gloubi-boulga de promesses, de menaces, définit comme la fin de tout, mais aussi comme un recommencement, comme le combat ultime entre le bien et le mal (Dieu contre Satan), comme la résurrection des morts, mais aussi comme le début d'une nouvelle vie. Mais les textes disent que cette nouvelle vie sera menacée par le diable ressuscitant et remise à zéro, un cycle de félicité et de catastrophes peut-être éternel. Et tout cela à cause de la nature pécheresse de l'homme.

Le livre a été écrit par Jean qui fit un songe inspiré par Dieu, et auquel Dieu lui-même a demandé de l'écrire. Si tout vient de Dieu, c'est donc forcément vrai.

Je fus ravi en esprit au jour du Seigneur, et j'entendis derrière moi une voix forte, comme le son d'une trompette, qui disait : Ce que tu vois (dans ton songe), *écris-le dans un livre.*
Voyons comment notre saint homme en parle :

*Et il (un ange) me dit : Ces paroles sont certaines et véritables ; et le Seigneur, le Dieu des esprits des prophètes, a envoyé son ange pour montrer à ses serviteurs **les choses qui doivent arriver bientôt.***
(Apocalypse 22.6)

Pour ce qui est du jour et de l'heure, personne ne le sait, ni les anges des cieux, ni le Fils, mais le Père seul. Ce qui arriva du temps de Noé arrivera de même à l'avènement du Fils de l'homme. Car, dans les jours qui précédèrent le déluge, les hommes mangeaient et buvaient, se mariaient et mariaient leurs enfants, jusqu'au jour où Noé entra dans l'arche ; et ils ne se doutèrent de rien, jusqu'à ce que le déluge vînt et les emportât tous : il en sera de même à l'avènement du Fils de l'homme.

Vous entendrez parler de guerres et de bruits de guerres : gardez-vous d'être troublés, car il faut que ces choses arrivent. Mais ce ne sera pas encore la fin. Une nation s'élèvera contre une nation, et un royaume contre un royaume, et il y aura, en divers lieux, des famines et des tremblements de terre. Tout cela ne sera que le commencement des douleurs.

°0°

C'est lui que le ciel doit accueillir jusqu'au moment de la restauration totale dont dieu a parlé depuis longtemps par la bouche de ses saints prophètes.
Et maintenant, Seigneur, vois leurs menaces, et donne à tes serviteurs d'annoncer ta parole avec une pleine assurance, en étendant ta main, pour qu'il se fasse des guérisons, des miracles et des prodiges, par le nom de ton saint serviteur Jésus.

°0°

Car, si nous croyons que Jésus est mort et qu'il est ressuscité, croyons aussi que Dieu ramènera par Jésus et avec lui ceux qui sont morts.

°0°

Ensuite, nous les vivants, qui serons restés, nous serons tous ensemble enlevés avec eux sur des nuées, à la rencontre du Seigneur dans les airs, et ainsi, nous serons toujours avec le Seigneur. Consolez-vous donc les uns les autres par ces paroles.

*Quand les hommes diront : Paix et sûreté ! alors **une ruine soudaine les surprendra,** comme les douleurs de l'enfantement surprennent la femme enceinte, et ils n'échapperont point*

°0°

Et alors paraîtra l'impie, *que le Seigneur Jésus détruira par le souffle de sa bouche, et qu'il anéantira par l'éclat de son avènement. L'apparition de cet impie se fera, par la puissance de Satan, avec toutes sortes de miracles, de signes et de prodiges mensongers, et avec toutes les séductions de l'iniquité pour ceux qui périssent, parce qu'ils n'ont pas reçu l'amour de la vérité pour être sauvés.*

Sache que, **dans les derniers jours,** *il y aura des temps difficiles. Car les hommes seront égoïstes, amis de l'argent, fanfarons, hautains, blasphémateurs, rebelles à leurs parents, ingrats, irréligieux, insensibles, déloyaux, calomniateurs, intempérants, cruels, ennemis des gens de bien, traîtres, emportés, enflés d'orgueil, aimant le plaisir plus que Dieu, ayant l'apparence de la piété, mais reniant ce qui en fait la force.*

°0°

La fin de toutes choses est proche.
Soyez donc sages et sobres, pour vaquer à la prière.

°0°

Le jour du voleur viendra *comme un voleur dans la nuit. Ce jour-là, le ciel disparaîtra avec fracas. Des éléments embrasés se désagrégeront et* **la terre, ... sera brûlée.**

°0°

Attendez et hâtez **la venue du jour de Dieu,** *jour où le ciel enflammé se désagrégera, où les éléments embrasés fondront. Et nous attendrons, conformément à sa promesse,* **la nouvelle terre où la justice habitera.**

Le Seigneur ne tarde pas dans l'accomplissement de la promesse, *comme quelques-uns le croient ; mais il use de patience envers vous,* *ne voulant pas qu'aucun périsse, mais voulant que tous arrivent à la* *repentance.* *Révélation de Jésus-Christ, que Dieu lui a donnée pour montrer à ses* *serviteurs les choses qui **doivent arriver bientôt,** et qu'il a fait* *connaître, par l'envoi de son ange, à son serviteur Jean, lequel a* *attesté la parole de Dieu et le témoignage de Jésus-Christ, ... **Car le*** ***temps est proche.***

Voilà **l'Apocalypse** à laquelle nous avons heureusement échappé.
Pour l'instant :

Je vis sept chandeliers d'or, et, au milieu des sept chandeliers, *quelqu'un qui ressemblait à un fils d'homme, vêtu d'une longue robe,* *et ayant une ceinture d'or sur la poitrine. Sa tête et ses cheveux* *étaient blancs comme de la laine blanche, comme de la neige ; ses* *yeux étaient comme une flamme de feu ; ses pieds étaient semblables* *à de l'airain ardent, comme s'il eût été embrasé dans une fournaise ;* *et sa voix était comme le bruit de grandes eaux.*

°0°

Autour du trône, je vis 24 trônes, et sur ces trônes 24 vieillards assis, *revêtus de vêtements blancs, et sur leurs têtes des couronnes d'or. Du* *trône sortent des éclairs, des voix et des tonnerres. Devant le trône* *brûlent 7 lampes ardentes, qui sont les 7 esprits de Dieu.*

°0°

Au milieu du trône et autour du trône,
il y a **4 êtres vivants remplis d'yeux devant et derrière.**

Puis je vis dans la main droite de celui qui était assis sur le trône un *livre écrit en dedans et en dehors, scellé de 7 sceaux. Et je vis un ange* *puissant, qui criait d'une voix forte : Qui est digne d'ouvrir le livre, et* *d'en rompre les sceaux ?*

Je regardai, et j'entendis la voix de beaucoup d'anges autour du trône, et des êtres vivants et des vieillards, et leur nombre était des myriades de myriades et des milliers de milliers.

Je regardai, et voici, parut un cheval d'une couleur pâle. Celui qui le montait se nommait la mort, et le séjour des morts l'accompagnait. Le pouvoir leur fut donné sur le quart de la terre, pour faire périr les hommes par l'épée, par la famine, par la mortalité, et par les bêtes sauvages de la terre.

Ne faites point de mal à la terre, ni à la mer, ni aux arbres, jusqu'à ce que nous ayons marqué du sceau le front des serviteurs de notre Dieu.

Ce marquage sert à épargner les croyants en Dieu. Pour les autres, circulez, il n'y a rien à voir !

°0°

Et j'entendis le nombre de ceux qui avaient été marqués du sceau, 140.000, de toutes les tribus des fils d'Israël : de la tribu de Juda, 12.000, marqués du sceau ; de la tribu de Ruben, 12.000 ; de la tribu de Gad, 12.000 ; de la tribu d'Aser, 12.000 ; de la tribu de Nephthali, 12.000 ; de la tribu de Manassé, 12.000 ; de la tribu de Siméon, 12.000 ; de la tribu de Lévi, 12.000 ; de la tribu d'Issacar, 12.000 ; de la tribu de Zabulon, 12.000 ; de la tribu de Joseph, 12.000 ; de la tribu de Benjamin, 12.000 marqués du sceau.

Cette partie n'est pas logique, car elle apparaît à la fin de la Bible, période où les Chrétiens s'étaient fortement dissociés des Juifs, et elle n'épargne, par le marquage du sceau, pratiquement que des Juifs.

Quand je vous disais que la Bible n'était pas fiable !

Quand il ouvrit le septième sceau, il y eut dans le ciel un silence d'environ une demi-heure. Et je vis les sept anges qui se tiennent devant Dieu, et 7 trompettes leur furent données.

°0°

Et les 7 anges qui avaient les 7 trompettes se préparèrent à en sonner. Le premier sonna de la trompette. Et il y eut de la grêle et du feu mêlés de sang, qui furent jetés sur la terre ; et le tiers de la terre fut brûlé, et le tiers des arbres fut brûlé, et toute herbe verte fut brûlée.

°0°

Elles (les sauterelles) *avaient des queues semblables à des scorpions et des aiguillons, et c'est dans leurs queues qu'était le pouvoir de faire du mal aux hommes pendant 5 mois.*

°0°

Le nombre des cavaliers de l'armée était de deux myriades de myriades. (soit 100 millions.)

°0°

Je pris le petit livre de la main de l'ange, et je l'avalai ; il fut dans ma bouche doux comme du miel, mais quand je l'eus avalé, mes entrailles furent remplies d'amertume.

°0°

Puis je vis descendre du ciel un ange, qui avait la clef de l'abîme et une grande chaîne dans sa main. Il saisit le dragon, le serpent ancien, qui est le diable et Satan, et il le lia pour 1.000 ans. Il le jeta dans l'abîme, ferma et scella l'entrée au-dessus de lui, afin qu'il ne séduisît plus les nations, jusqu'à ce que les 1.000 ans fussent accomplis. Après cela, il faut qu'il soit délié pour un peu de temps.

*Quand les 1.000 ans seront accomplis, **Satan sera relâché de sa prison**. Et il sortira pour séduire les nations qui sont aux quatre coins de la terre, Gog et Magog, afin de les rassembler pour la guerre ; leur nombre est comme le sable de la mer. Et ils montèrent sur la surface de la terre, et ils investirent le camp des saints et la ville bien-aimée. Mais un feu descendit du ciel, et les dévora. Et le diable, qui les séduisait, fut jeté dans l'étang de feu et de soufre, où sont la bête et le faux prophète. Et ils seront tourmentés jour et nuit, aux siècles des siècles.*

Puis je vis un nouveau ciel et une nouvelle terre ; car le premier ciel et la première terre avaient disparu, et la mer n'était plus. Et je vis descendre du ciel, d'auprès de Dieu, la ville sainte, la nouvelle Jérusalem, préparée comme une épouse qui s'est parée pour son époux.

La consommation de haschich était autorisée à cette époque ?

Ce texte n'est pas grotesque, il est lyrique. Il reflète l'exagération du merveilleux nécessaire, il y a 2000 ans, pour convaincre des peuples non instruits.

Mais nous ne sommes plus, il y a 2000. 95 % du monde civilisé est instruit et l'intelligence moyenne a augmenté. Alors pourquoi nous donner la Bible comme témoignage de l'existence de Dieu et de son fils Jésus ?

Derniers mots de la Bible :

Que la grâce du Seigneur Jésus soit avec tous !

Conclusions sur le dieu de la Bible

Les écrits de la Bible constituent des faits. Donc, nous pouvons dire qu'ils sont présentés comme une vérité sur le personnage de Dieu. Chacun peut la voir sous son point de vue, à gauche ou à droite, à moitié vide ou à moitié pleine.

Nous venons néanmoins de découvrir une partie de La Vérité sur Dieu : la vérité des chrétiens croyants.

Mis à part les passages historiques du livre, toute la Bible a été écrite sur ce ton. **L'Ancien Testament** n'a été conçu que pour servir 2 objectifs.

1. Montrer que Yahvé est un guerrier féroce, un grand Dieu et qu'il faut le craindre.

2. Donner espoir et courage à un peuple migrant qui endure de grandes souffrances.

Le Nouveau Testament, lui, est un appui à la propagande d'une secte par de belles idées charitables *(aimez-vous les uns, les autres)* mais aussi par le chantage, la menace, la "magie" et les fausses promesses.

Ceux qui allaient devenir les Chrétiens, doivent, question de marketing, proposer une offre différente à leurs clients potentiels. Ils inventent donc un autre dieu qu'ils appellent Jésus et un autre concept : la résurrection des morts. Soit, à terme, **la vie éternelle.**

Au début, le marché potentiel des promoteurs de cette nouvelle religion cible le peuple hébreu. Autant convertir ceux qui sont sur place. C'est pourquoi ils conservent l'ancien dieu (Dieu), celui de l'Ancien Testament.

Pour ce faire, ils puisent dans les chapitres des prophéties (notamment celle d'Ésaï) où l'on parle, de façon cryptée, d'un Messie. Ce Messie doit être le sauveur d'un monde pourri par tous les péchés des créatures de Dieu. Mais avant tout libérer les Hébreux de la tutelle des Romains.

*Le soir, on amena auprès de Jésus plusieurs démoniaques. Il chassa les esprits par sa parole, et il guérit tous les malades, **afin que s'accomplisse ce qui avait été annoncé par Ésaïe, le prophète.***

Donc, pour construire une histoire crédible pour ce nouveau dieu, ils mentionnèrent énormément de passerelles entre ce que disaient les anciens et ce que faisait Jésus.
Voilà comment les Chrétiens se retrouvent avec 2 dieux, et 3 avec le Saint-Esprit. Ils décidèrent donc que Jésus serait le fils de Dieu.

Difficile pour une religion monothéiste d'avoir trois dieux. Mais avec quelques circonvolutions de langage et de raisonnement, l'Église réussit à persuader les ignorants du moyen-âge que ces trois dieux n'en faisaient qu'un seul.

Pour accréditer la véracité de la résurrection des morts, et peut-être pour s'inspirer de la mythologie d'Isis et d'Osiris, ils décidèrent que Jésus allait ressusciter. Oui, mais pour ressusciter, il faut mourir avant. Tomber d'une falaise en trébuchant ou se suicider n'est pas très glorieux, on dira donc qu'il a été mis à mort par les occupants, les Romains. Et si les Juifs n'adhèrent pas au projet, on dira que c'est de la faute aux Juifs.

Jésus-Christ a-t-il existé ?

L'an 0 est une époque troublée. Le peuple hébreu est fatigué d'attendre le sauveur qui ne vient pas. Des philosophes fleurissent un peu partout dans cette partie du monde et la ferveur religieuse est exacerbée. Beaucoup se prennent pour le fils de Dieu et beaucoup sont des illusionnistes qui font croire aux miracles.

Donc, un homme, qu'il s'appelle Jésus ou Menahem, qu'il provienne de la secte des Esséniens ou non, qu'il soit bon ou mauvais, a propagé une doctrine qui est parvenue jusqu'à nos jours.

Je cite les Esséniens, car les manuscrits de la mer Morte, qui comprennent des événements similaires à ceux de la Genèse, ont été écrits par eux.

Aucun historien de l'époque n'a parlé de Jésus-Christ, même pas Ponce Pilate qui devait produire des rapports circonstanciés et réguliers à Rome.

La Bible décrit Jérusalem en liesse quand Jésus arrive sur son âne. Mais rien dans la presse !

Le livre sacré justifie cette absence de communication :

*Alors les principaux sacrificateurs et les anciens du peuple se réunirent dans la cour du souverain sacrificateur, appelé Caïphe ;et ils délibèrent sur les moyens d'arrêter Jésus par ruse, et de le faire mourir. Mais ils dirent : Que ce ne soit pas pendant la fête, **afin qu'il n'y ait pas de tumulte parmi le peuple.***

Tout s'est fait en douce.
C'est pour cela qu'on en a parlé que 100 ans plus tard.

Nous savons aussi que Jésus n'est pas né le 25 décembre de l'année 0.

La plupart des historiens situent son avènement à 4 années avant sa naissance. Le 25 décembre a été fixé en l'an 300 par un concile pour contrecarrer une grande fête païenne, les Saturnales qui célébraient le dieu Saturne et la renaissance du Soleil.

Dans mon intime conviction, et en toute modestie, je pense que Jésus était un philosophe épris de pouvoir, un très bon orateur, intelligent, charismatique, un bon "motivateur" d'hommes qui n'hésitait pas à tromper son monde, par des miracles entre autres, pour vivre confortablement de la situation.

Ses apôtres se sont emparés de son destin, avec ou sans son accord. Ils en ont fait un fils de Dieu, ont utilisé les mêmes trucs et en ont fait une activité commerciale très rentable.

Paul a pris le relais et a développé l'affaire à l'étranger. Je pense même que, dans le fanatisme qui l'a frappé, il croyait, à la fin de ses jours, ce qu'il prêchait.

Au fait, qui est le Saint-Esprit ?

Les rédacteurs des évangiles ont pensé que Dieu n'avait pas la vocation de s'adresser directement aux mortels. Il était au-dessus de ça. Donc, ils inventèrent le Saint-Esprit comme messager. Mais Dieu rechigne à déléguer et intervient souvent directement. Ou il envoie un ange. Ou un songe. Ou une voix.

Autrement dit, le Saint-Esprit ne sert à rien.

Dieu a-t-il fait l'homme à son image ?

Analysons l'image de l'Homme à travers la Bible :

Sa première action (Adam) est de **désobéir** en croquant le fruit. Ensuite, son fils Caïn **tue son frère**. L'Homme devient un **assassin**. Afin d'assurer sa descendance, **il couche avec sa mère Ève,** seule femme existant sur Terre. Il est **incestueux.**

Si l'on continue à lire ce livre, on découvre un homme **homosexuel, une fille couche avec son père** (Loth), certains font des **faux témoignages,** d'autres s'**enrichissent** aux dépens des pauvres, ils **construisent des idoles, ils se plaignent** tout le temps, ils font travailler des **esclaves**, ils prennent des **maîtresses....**

Non. On ne peut pas une seconde imaginer que l'Homme a été fait à l'image de Dieu.

À l'instar des Grecs et des Romains, Dieu a été façonné à l'image de l'homme : guerrier, violent, jaloux, coléreux, aimant les honneurs...

Dieu ne ressemble ni à l'homme, ni à tout autre animal vivant. Dieu n'est pas fait de matière. Dieu est un esprit, une lumière, une énergie. Aucune image ne peut le représenter. Aucun nom ne peut le définir.
L'Homme commet un péché d'orgueil, quand il prétend être à l'image de Dieu.
Dieu ne parle pas. Dieu n'entend pas. Dieu ne se met pas en colère. Dieu ne protège pas ceux qui croient en lui. Dieu ne punit pas ceux qui pèchent. Dieu n'a pas d'ennemis. Dieu ne dirige pas une armée d'anges. Dieu n'a pas de fils, ni de père. Dieu ne recherche pas que l'on le craigne. Dieu n'a rien à prouver, il n'accomplit pas de miracle. Il n'écoute pas les prières de chacun. Il est insensible au fait qu'on lui sacrifie 10 bœufs, 100 moutons, qu'on lui brûle de l'encens, qu'on se prosterne devant lui. Dieu n'a pas de peuple élu, il ne favorise pas les Juifs.

Il ne vérifie pas que nous allions à la messe, que nous fassions nos prières, que nous soyons charitables. Il est bien meilleur que cela.

Son rayonnement est le même pour les Musulmans, les Bouddhistes, les athées. Dieu existe pour tous, comme le Soleil brille. Et surtout, Dieu n'a personne en abomination.

Si le malheur frappe une personne, ce n'est pas une punition divine résultant de ses nombreux péchés. C'est le plus souvent par imprudence ou par hasard. Si le bonheur touche une personne, ce n'est pas une récompense divine résultant de sa foi envers sa doctrine. C'est le plus souvent parce qu'il l'a mérité ou par hasard.

Cependant, un dieu existe puisque qu'il a créé l'univers dont nous faisons partie. Selon Albert Einstein, au moment du Big-bang, se sont créés la matière et le temps. Donc, avant le Big-bang, rien n'existait puisque le temps n'avait pas commencé.
Rien. Ni dieu. Dieu s'est auto-créé avec le Big Bang.

Je ne te cache pas que, d'après cette lecture, je ne trouve Dieu ni bon, ni juste, ni tolérant.

Je n'ai pas trop envie qu'il soit mon dieu et celui de mes enfants. Il y a tellement d'autres belles choses dans la vie, de beaux personnages, de beaux sentiments, de beaux modèles...

Ce livre sacré, du moins l'Ancien Testament, est celui du peuple hébreu, diffusé ensuite dans le bassin méditerranéen et, à cause des colonisations européennes, sur toute la planète. Je m'étonne toujours que des pays africains, sud-américains ou polynésiens soient chrétiens. Dieu a choisi son peuple élu, au détriment de tous les autres.
Tu vas me dire : "oui, mais tu n'as cité que les mauvais passages".
Non, je n'ai pris que 10 % de ce que je pouvais écrire.

Toi, lecteur, tu te feras une opinion sur la véracité de la Bible.
Moi, je n'adhère pas à l'image qu'elle me donne d'un dieu.

Si je trouve que la Bible n'est pas un document de vérité,
comment puis-je croire en Dieu le Père ?

Si je ne crois pas au père, comment puis-je croire au fils ?

Si je ne crois pas à cette famille, comment puis-je me dire Chrétien ?
Pourtant, je crois en dieu.

Je viens de comprendre
que ma spiritualité
ne peut sincèrement s'exprimer
à travers le Christianisme.
Ou toute autre religion monothéiste.

Analyse de la période post-biblique

J'avais prévu, au début de mon enquête, de la mener sur deux fronts :
l'analyse de la Bible et l'analyse de la période post-biblique. L'analyse
documentaire du livre sacré ne m'a pas convaincu, alors réfléchissons
sur sa suite.

Réflexions sur le Christianisme

Le Christianisme est le culte du Christ.

Cette religion est présentée comme monothéiste, mais hérite de la triade égyptienne Isis, Osiris et Horus ainsi que de la triade védique Brahma, Vishnu et Shiva. Comment ? Avec sa propre triade, appelée Trinité : Dieu, Jésus et le Saint-Esprit.

Il est assez aisé de comprendre la relation père-fils mais plus complexe de comprendre la présence du Saint-Esprit. Que vient faire cette autre divinité ? Sinon former la triade si symbolique dans les religions antiques. Les explications que nous donne l'Église sur son utilité sont confuses et contradictoires.

Admettons que Dieu soit représenté par 3 divinités. Mais ce n'est pas tout.
Il y a aussi Satan, l'ennemi juré de Dieu. La Bible nous parlait même de démons (au pluriel). Nous sommes en droit de nous demander pourquoi notre Dieu créateur a introduit un si néfaste sujet dans notre environnement. Pour nous mettre à l'épreuve, répond l'Église, toujours aussi punitive.
Il est déjà difficile de vivre dans ce monde cruel, alors pourquoi Dieu nous envoie-t-il un tentateur qui risque de nous envoyer aux Enfers ? Dieu est-il sadique ? Car enfin, ce sont les plus faibles qui succombent ! Dieu favoriserait-il les forts au détriment des faibles ? Dieu est-il d'extrême droite ?

Le personnage du diable est, en fait, emprunté aux religions polythéistes du Moyen-Orient.

Mais ce n'est pas tout.

Il existe une figure de l'histoire chrétienne toute aussi vénérée que Dieu et que Jésus : la vierge Marie. On lui consacre des Églises, des chants, des prières, des statues, des icônes... Une véritable déesse.

Si tu as été au catéchisme, tu te souviens peut-être de cette jolie chanson : "**Chez nous soyez, Reine**" qui s'adresse à la Vierge Marie.

*Chez nous soyez **Reine***
Nous sommes à vous
*Régnez en **souveraine***
Chez nous, chez nous
*Soyez la Madone **Qu'on***
***prie** à genoux Qui*
*sourit et **pardonne***
Chez nous, chez nous.
...
À l'heure dernière
*Accueillez **dans les cieux***
À la maison du Père
Notre retour joyeux

Marie s'impose comme une reine et une souveraine. On la prie. Elle possède la faculté de pardonner. Elle habite dans les cieux. Sans doute à la gauche de Dieu, puisque Jésus est à sa droite.

Mais ce n'est pas tout.

Il y a les Anges. Ils sont inspirés de l'Avesta, ensemble des textes sacrés du Mazdéisme. L'ange est le messager des dieux. Ou du Dieu. C'est l'ange Gabriel qui est venu, en personne, annoncer à Marie qu'elle était enceinte d'un dieu. C'est l'ange Gabriel qui a soufflé dans l'oreille de Mahomet les préceptes du Coran.
Ce n'est pas n'importe qui Ange Gabriel ! Il est même archange, considéré comme la main gauche de Dieu.

L'ange est un "personnage" surnaturel élevé à la fonction de divinité. Il en existe un véritable bataillon avec une hiérarchie précise. Par ordre croissant d'importance :

Les Séraphins, les Chérubins, les Trônes, les Dominations, les Vertus, les Puissances, les Anges, les Archanges et les Principautés. Un véritable panthéon polythéiste !

Tout ce personnel représenterait un million de personnes ?!

Et ce n'est pas tout.

Il y a aussi **les Saints** ! Saint Antoine de Padoue que l'on prie quand on a perdu un objet et qui semble pouvoir agir pour nous aider à le retrouver. Saint Christophe que l'on affiche dans sa voiture pour se porter bonheur. Saint Joseph, patron des charpentiers... La liste est longue.

Nous savons depuis longtemps que ces "divinités" ont été créées ou reconnues pour contrebalancer les divinités païennes que l'Église a éradiquées.

Le long parcours politiquement et humainement incorrect de l'Église Chrétienne

Le long parcours a duré plus de 2000 ans. Il ne faut pas croire que le Christianisme a été adopté naturellement par les populations aujourd'hui Chrétiennes ou Catholiques. Les peuples préféraient leurs religions natives, polythéistes, plus tolérantes, plus variées, plus festives. Le Christianisme était (comme le Judaïsme), trop dogmatique, trop contraignant, culpabilisant les plaisirs de la chair. De plus, le fait qu'un humain se soit proclamé dieu ou fils de Dieu n'arrangeait pas les choses.

Le Christianisme s'est imposé par la force et la violence. Si des Chrétiens ont été mis à mort, sous l'empire romain, ce n'est pas parce qu'ils refusaient d'abjurer leur foi, comme le raconte l'Église. C'est parce qu'ils perturbaient un empire où la liberté de culte était fondamentale. La plupart des saints martyrs sont en fait des agitateurs, des provocateurs et des fauteurs de troubles.

Voyons comment cette secte s'est imposée pour devenir une religion.

Dans les quatre premiers siècles de notre ère, le bassin méditerranéen grouillait de sectes religieuses différentes, même au niveau du Christianisme qui déjà s'était éclaté en plusieurs courants de pensée.

La secte prend une forme organisée en 301 avec le premier Concile qui décide des lois que doivent suivre ses fidèles. Il définit ce qu'est un péché et ce qu'il faut faire pour en être pardonné. Il sera décidé que **tout Chrétien mis à mort pour avoir saccagé un temple (païen) sera élevé au grade de martyr.** On imagine le nombre de voyous qui se sont faufilés dans cette brèche.

Commence à cette date le premier acte d'anti-sémitisme qui collera à l'Église jusqu'au XXe siècle. **L'Église interdit à ses fidèles de prendre un repas avec un juif.**

Saint Jean Chrysostome, né à Antioche, un des fondateurs de l'Église, écrit : *ces paroles simples que je viens de lire sont suffisantes pour vous purifier de la putréfaction du péché.*

Il prétend, dans ses prêches, que **les Juifs sont atteints de maladies contagieuses.** Il écrit aussi à leur propos : *Ne vois-tu pas que les démons habitent dans leurs âmes, et ceux d'aujourd'hui sont pires que ceux d'avant.* Cet homme a été canonisé, bien sûr.

°0°

Origène, théologien d'Alexandrie, décortique chaque verset de la Bible et fait modifier le texte en fonction de ses interprétations. Il fonde également l'Ordre Monastique Égyptien, **une armée de moines fanatiques** et destructeurs.

L'empereur romain **Constantin Ier** cherche à asseoir son pouvoir sur le spirituel et choisit de s'acoquiner avec la secte la plus féroce. Il choisit les Chrétiens et se fait baptiser. Il devient le premier homme d'État adoubé par l'Église. Il rédige **le traité de Milan qui contraint ses sujets à un dieu unique** et bien sûr : Dieu.

Les Chrétiens exultent et provoquent de nombreux **saccages** de tous les autres lieux de culte. Comme le font aujourd'hui les Islamistes qui détruisent des temples. Les Chrétiens deviennent des **Christianistes** (néologisme personnel). **L'enseignement de la religion juive est puni de peine de mort.**

°0°

Le Concile de Nicée, organisé par le même Constantin, change la date de Pâque pour qu'elle ne soit pas fêtée en même temps que celle des Juifs. Il fait interdire **l'Arianisme,** une secte Chrétienne concurrente, qui prêche que Jésus n'est pas l'égal de son Père, dans sa divinité. Il s'ensuit de violentes **persécutions** par les Christianistes.

L'empereur **Julien** rétablit la liberté des cultes. Il est appelé par l'Église : Julien **l'Apostat**. Qu'est-ce qu'un apostat : *celui qui a renié la foi chrétienne*. En fait, il ne la renie pas, il autorise les autres. Comme le fait aujourd'hui la loi de 1945 sur la laïcité. Les Christianistes se déchaînent et détruisent des temples. **Athanase, évêque d'Alexandrie, le fait assassiner** d'une lance dans le dos.

L'empereur **Théodose**, arrivé au pouvoir en 380, entame une **chasse aux hérétiques**. Sont considérés comme hérétiques des sujets Chrétiens ayant des interprétations différentes de l'évangile et/ou du dogme. **Des lieux de culte sont détruits**. Des non-chrétiens sont **égorgés**. Les philosophes sont chassés, les professeurs aussi. L'Église prend le monopole de l'enseignement, plongeant l'Europe dans ce que l'on appelle aujourd'hui **le Moyen âge.**

Pendant ce temps, la civilisation arabe se développe et fait de grandes découvertes en astronomie, en mathématiques, en navigation. Les Chinois inventent la poudre. Les Mayas construisent des pyramides et inventent le calendrier solaire et lunaire.

°0°

Notre bon **Charlemagne,** vainqueur sur les Saxons,
propose la conversion ou la **décapitation.**

°0°

En 1078, les Turcs Seldjoukides prennent Jérusalem et refusent aux Chrétiens d'y venir en pèlerinage. Nous avions déjà interdit aux Juifs l'accès de nos Églises, c'est un prêté pour un rendu. Le **pape Urbain II** demande aux seigneurs chrétiens d'aller libérer Jérusalem. **C'est la première croisade.** Les croisés saccagent tout, **violent les femmes** et poursuivent les musulmans dans les mosquées, pour les passer au fil de l'épée. **La population est décimée.** Comme la guerre plaît aux rois et aux nobles fortunés, ils organisent 8 croisades. Plusieurs millions de morts. Nous ne savons pas exactement combien.

L'Église prend goût au sang, et organise d'autres croisades, moins loin, donc plus économiques et moins dangereuses, contre les **Albigeois** et les **Cathares**. Ils sont considérés comme hérétiques, mais sont de véritables chrétiens qui prônent la pauvreté et le renoncement. Ce qui s'opposait aux fastes pontificaux. On parle de **20.000 morts**. Un détail.

Louis IX, roi de France, participe à 2 croisades.
Ce qui lui vaut le titre de **Saint-Louis.**

Mais notre bon roi n'a pas fini de nous étonner par ses édits :

*Parce que nous voulons que les Juifs puissent être reconnus et distingués des chrétiens, nous vous ordonnons, à la demande de notre très cher frère dans le Christ Paul Chrétien, de l'ordre des frères prêcheurs, **d'imposer des insignes à chaque Juif des deux sexes : à savoir une roue de feutre ou de drap de couleur jaune, cousue sur le haut du vêtement, au niveau de la poitrine et dans le dos,** afin de constituer un signe de reconnaissance, dont la circonférence sera de quatre doigts et la surface assez grande pour contenir la paume d'une main.*

Saint-Louis est donc l'inventeur de **l'étoile jaune.**

De plus, sous son règne, les blasphémateurs sont condamnés au **pilori** et la **langue brûlée au fer rouge.** Comme quoi, il n'en a pas uniquement contre les Juifs.

Le Pape Grégoire IX, en 1231, promulgue ce que les nazis auraient aimé inventer : **L'Inquisition.** Un tribunal nommé par lui pour juger les hérétiques. Rappelons que sont nommés hérétiques des Chrétiens non conformes aux canons de l'Église. Des juges se promènent sur tout le territoire français pour débusquer les libres-penseurs.

°0°

En 1252, le même pape autorise **la torture** pour faire avouer les récalcitrants. On récompense les dénonciateurs. L'Inquisition considère comme déviants : les mystiques, les sorciers, les sorcières, les homosexuels, les bigames, les auteurs d'adultère, les zoophiles ou aussi **toute personne dénoncée.**

Bernard GUI, une star dans son domaine, le David Guetta des bûchers, organise une grande fête à Toulouse pour brûler plus d'une centaine de personnes.

Il déterre les corps pour incinérer les cadavres.

°0°

Selon le dogme chrétien, l'âme d'un défunt va directement en Enfer ou au Paradis, mais peut aussi séjourner au Purgatoire. Plus ou moins longtemps. Le Pape Grégoire VIII invente la réduction de peine, voire l'annulation de cette durée de Purgatoire, à tous ceux qui ont participé aux Croisades. C'est ce qu'on appelle les **indulgences.**

L'Église, toujours prête à rentabiliser la boutique, se met à **vendre** ces indulgences contre argent, sonnant et trébuchant. Il s'ensuit que les riches vont directement au Paradis pendant que les pauvres moisissent en Enfers. C'est anti-social !

°0°

L'Inquisition touche aussi l'Espagne où s'illustre le fameux **Torquemada.**
Il pratiquait la torture comme un art.

Lisons :

*La première phase du supplice était celle de la corde : les mains liées derrière le dos avec une corde qui glissait dans une poulie attachée au plafond, **l'hérétique était soulevé et maintenu en suspension** pendant un certain temps. Puis à l'improviste, **le bourreau lâchait la corde et le corps retombait** alors brusquement jusqu'à environ 20 cm du sol : **les jointures se déboîtaient** sous le choc, tandis que **la corde, souvent, coupait la chair** des poignets jusqu'aux nerfs. Cette torture durait une heure et même plus.*

La torture à l'eau constituait la deuxième phase : on liait étroitement la personne après l'avoir étendue sur une sorte de chevalet en bois n'ayant comme support qu'une barre transversale, sur laquelle le corps, retombant en arrière, se courbait, **amenant le patient en position renversée, les pieds vers le haut et la tête en bas.** À cause de cette position, la respiration devenait extrêmement difficile et les mouvements que l'hérétique faisait automatiquement pour trouver un peu d'air provoquaient la torsion des mains et des pieds liés, et **les cordes blessaient les tissus. On introduisait alors dans la bouche,** en le faisant arriver jusqu'au fond de la gorge, un linge fin imbibé d'eau qui était disposé de façon à recouvrir entièrement les narines. **C'est alors que l'on versait de l'eau** dans la bouche, goutte à goutte, si lentement que l'hérétique torturé en buvait environ un litre par heure.

Le malheureux n'avait à aucun moment la possibilité de respirer librement. Dans ses efforts pour aspirer de l'air, il engloutissait de l'eau, et **il en résultait une rupture des vaisseaux sanguins de la gorge :** le chiffon était généralement retiré, imbibé de sang.

Le troisième degré de la torture, le feu, était pratiqué en liant les mains et les pieds de façon à rendre impossible au prisonnier tout changement de position.

Puis, on **frottait ses pieds avec de l'huile,** du lard ou une autre matière graisseuse **et on les exposait devant un feu** jusqu'à ce que la peau se gerce et que les os et **les nerfs se découvrent complètement.** L'Inquisition fit plus d'un million de morts.

En 1492, la très catholique **reine d'Espagne, Isabelle I,** propose aux Juifs un choix sympathique : la conversion ou l'Inquisition. 160.000 personnes quittent la péninsule.

Après la découverte de l'Amérique par **Christophe Colomb** et le **génocide** des peuples amérindiens, les Européens se mettent à coloniser les autres continents : la France avec le Maghreb, l'Afrique et une partie de l'Asie, l'Espagne avec l'Amérique du Sud, L'Angleterre avec l'Inde (mais pas que), le Portugal avec le Brésil, etc.

Comment se fait-il que le principal continent Chrétien soit l'Afrique ? Les autochtones ont-ils volontairement rejeté leurs dieux pour adopter les rigoureux évangiles ? Avec un dieu blanc ? Je pense que vous avez la réponse.

°0°

Je ne m'étendrai pas sur les ravages des guerres de religions, Catholiques contre Protestants, les complaisances du Pape Pie XII à l'encontre des nazis, ni sur la pédophilie des prêtres.

Aujourd'hui, un choix pléthorique de dieux

Le monde présent abrite une centaine de dieux dont 3 principaux : Dieu, Yahvé et Allah. Un millier de dieux, si l'on compte ceux de l'Inde et de l'Afrique.

Donc dans le monde présent, nous avons un choix pléthorique de divinités. Pourquoi notre dieu serait-il le meilleur et l'unique ?

Tu vas me dire : *"Dieu, Yahvé et Allah, c'est le même"*. Va le dire aux Juifs et aux Musulmans. Ils ne sont pas d'accord.

Nous ne pouvons pas proclamer l'unicité des trois, sans l'accord des autres. Les trois dieux sont le même… surtout le nôtre.
On se rend compte à quel point le polythéisme est pragmatique et le monothéisme restrictif.

Si Dieu existe et qu'il est bon, il doit vouloir notre bonheur. Son fils a été crucifié pour racheter les péchés du monde, j'espère que ce n'est pas un mort pour rien. Si Dieu n'est pas content de nous, qu'il nous renvoie son fils. Il a dû cicatriser depuis le temps.

Grand architecte ou auto-perfectionnement ?

Beaucoup pensent que si la nature est si belle et si bien ordonnée, c'est qu'il doit y avoir "là-haut", un grand architecte. C'est un point de vue, un raisonnement tout à fait humain mais limitatif. Pourquoi la nature, le cosmos, la vie ont-ils besoin d'un facteur (du verbe faire), pour être aussi bien construit ?

La mécanique et la chimie d'un corps humain sont une merveille. Cette construction ne s'est pas faite en un jour. C'est le fruit d'un mûrissement, d'une évolution sur plusieurs millénaires. Qui a travaillé sur cette évolution ?

Dieu ou chaque cellule de notre corps ?
Dieu ou chaque chromosome de nos cellules ?
Nous sommes un pur produit de la chimie. L'effort de perfectionnement de notre corps est l'œuvre de nos cellules et de nos gènes. La nature détient le pouvoir de s'être auto-perfectionnée.

Appelons donc la nature : "Grand Architecte" et tout le monde sera content. Ou plutôt la particule d'énergie qui a créé le big-bang, considérons-la, comme facteur de toutes choses. **Ce qui scientifiquement est la vérité.**

Que dire de l'âme ?

Principe spirituel de l'être humain, conçu dans la religion comme séparable du corps, immortel et jugé par Dieu.

Est-ce que l'âme est immortelle et jugée par Dieu ? C'est une autre croyance, supplémentaire à celle d'un dieu. Je ne crois pas que l'âme soit immortelle. Depuis que l'homme existe, il y aurait des milliards d'âmes flottant dans un substrat de quatrième dimension... Le philosophe chrétien Teilhard de Chardin imaginait une noosphère d'âmes tournant autour de la terre... Et pourquoi notre Dieu (32 %) ferait un jugement, que j'espère équitable, à chacune d'elles ? Jugera-t-il les âmes des Bouddhistes, des athées ? Que fera-t-il après les avoir condamnées ou graciées ? Le simple bon sens repousse une telle solution. Le mot qui sauve la situation dans ces cas est "mystère". Le divin mystère qui répond à toutes les questions, même les plus insensées.

Lisons l'autre définition : *Principe de la sensibilité et de la pensée.*

Cette faculté de penser que nous existons, que nous fûmes et que nous serons. Cette faculté d'élaborer des systèmes abstraits qui poussent la conscience au-delà de l'infini. Peut-être que cette conscience intelligente est une part divine que nous avons en nous ?
La science nous apprend que la pensée est une longue séquence de réactions chimiques produites, dans nos neurones, par d'infimes décharges d'énergie. Nous sommes une usine à micro-énergies. Un assemblage d'énergies, en mouvement dans notre cerveau, crée la pensée.

Je pense que si nous avions été créés par un dieu, nous serions un peu plus parfaits. Nous ne souffririons pas. Nous serions toujours heureux. Nous ne tuerions pas nos semblables. Nous respecterions la nature, œuvre de dieu. À moins que Dieu, dans son infinie cruauté, n'ait fait exprès de nous rater.
Penser que notre âme est née d'une essence divine, c'est se prendre pour un demi-dieu.

Questions légitimes

Pourquoi les femmes souffrent toujours pendant un accouchement ?

Pourquoi des femmes peuvent-elles perdre leur bébé ?

Pourquoi des femmes sont encore stériles de nos jours ?

Pourquoi des enfants sont frappés du cancer ?

Pourquoi des jeunes de 20 ans meurent dans leur voiture ?

Pourquoi tant de personnes n'ont pas de travail ?

Pourquoi tant de personnes meurent de faim ?

Pourquoi le virus de la COVID a tué des millions de personnes ?

Pourquoi Hitler a tué, au nom de Dieu, 6 millions de Juifs ?

Pourquoi des trains déraillent, des avions s'écrasent ?

Pourquoi des femmes se font agresser dans la rue ?

Pourquoi des prêtres abusent des enfants ?

Pourquoi ceux qui s'aiment se séparent un jour ?

Pourquoi des intégristes posent des bombes mortelles ?

Pourquoi ma mère est morte avant mon père ?

Pourquoi des enfants naissent anormaux ?

Pourquoi des guerres dans le monde ?

Pourquoi Poutine a envahi l'Ukraine ?

Pourquoi des enfants sont battus par leurs parents ?

Pourquoi des tueurs en série ?

Pourquoi des tremblements de terre, des tsunamis, des cyclones ?

Pourquoi le Titanic a coulé ?

Pourquoi les religions se font la guerre ?

Pourquoi les croisades ?

Pourquoi l'Inquisition ?

Pourquoi la chasse aux sorcières ?

Pourquoi le grand capital exploite les masses ouvrières ?

Pourquoi il me faut 4 mois de délai pour voir l'ophtalmologiste ?

Pourquoi ai-je fait un AVC comme des milliers d'autres personnes ?

Pourquoi la bombe atomique ?

Pourquoi le réchauffement climatique ?

Pourquoi la déforestation, 10 millions d'hectares par an ?

Pourquoi la pollution de l'air par le dioxyde de carbone ?

Pourquoi tant de plastique dans les mers ?

Pourquoi l'épuisement des ressources halieutiques (poissons) ?

Pourquoi l'épuisement des ressources du sol ?

Pourquoi des gens se suicident ?

Pourquoi la biodiversité disparaît ?

Pourquoi les déserts gagnent du terrain ?

Pourquoi les récifs coralliens meurent ?

Pourquoi des épines dans les pneus de mon vélo ?

Pourquoi, de nos jours, 25 foyers de guerre dans le monde ?

Etc.

Pourquoi tant de malheurs ?

Tu vas me dire : **"C'est pour mettre les humains à l'épreuve."**

À l'épreuve de quoi ? Des balles des chasseurs du dimanche ? Et puis, il y en a marre que Dieu nous mette à l'épreuve depuis deux mille ans. La plupart des habitants de cette Terre sont de bonnes personnes et n'ont aucune raison d'être punies. Les enfants qui meurent sont-ils aussi soumis à l'épreuve ?

Tu vas me dire : *"C'est parce que nous avons péché".*

Trop facile comme réponse. La Bible est pleine de raisonnements de la sorte, en ne reconnaissant à personne le droit d'être pur.

°0°

Questionnons les sites catholiques d'Internet, média moderne, et posons-leur la question : **"Pourquoi Dieu permet tant de misères".**

La réponse ne t'étonnera pas :

Nous sommes tellement libres de nous détruire nous-mêmes, de détruire les autres et l'environnement. Invisiblement, un bouillon noir de péché a couvert et empoisonné tout ce qui est. Même les catastrophes naturelles- tsunamis, tremblements de terre, pandémies - sont comme une réponse profonde au mal sous la forme des monstruosités que les gens se font les uns les autres comme si ce n'était rien.

C'est écœurant. L'Église n'a absolument pas évolué.
Mais à la réflexion, nous constatons qu'il n'y a pas d'autres réponses possibles quand on défend l'existence d'un bon Dieu.

Essayons sur un autre site :

En fait, **le mal et la souffrance ne font pas partie du projet initial** de Dieu pour l'humanité.

C'est un accident de parcours qu'il n'a pas souhaité et **qui vient du mauvais usage de la liberté accordée aux hommes** et aux anges. Comme Ponce Pilate, ils s'en lavent les mains.

Un petit dernier pour la route :

La Bible n'idéalise pas les pauvres et ne ferme pas les yeux sur le fait que **des choix personnels peuvent conduire quelqu'un dans la pauvreté.** Plusieurs passages du livre des Proverbes (dans la bible) soulignent les conséquences désastreuses de la **paresse** ou de l'**abus d'alcool.**

C'est honteux !

Le malheur nous rapproche-t-il de Dieu ou nous en éloigne-t-il ?

Il n'y a aucune raison pour que Dieu n'entende pas et ne voit pas tous ces malheurs et toutes ces injustices.

Aucune raison, sauf si Dieu est aveugle et sourd.

Les mots "aveugle" et"sourd" caractérisent des humains principalement. Or, Dieu n'est pas un humain.

Et si Dieu nous avait créés et ne s'occupait plus de nous après. Nous laissant notre libre-arbitre ?

Est-ce la fonction de Dieu de nous écouter
et de répondre à nos demandes ?
Ce serait le placer bien bas.
Dieu n'est pas SOS Amitié.

Dieu ne communique pas avec le monde (ou les mondes s'il y a d'autres planètes habitées). Dieu n'intervient pas dans la vie des Hommes. Non pas qu'il s'en fiche, mais il n'est pas fait pour ça.

La prière sert-elle à quelque chose si Dieu ne nous entend pas ?
Dire : "Mon Dieu, faites que ma mère soit guérie", ne sert-il à rien ?

Absolument à rien. L'idéal serait de pouvoir invoquer **la puissance de chacune des cellules du corps** de ma mère pour qu'elles le réparent.

Inutile de dire :

"Mon Dieu, faites qu'il fasse beau demain".

Plutôt communiquer avec les nuages et le vent.

Vers où tourner son cœur et sa raison

Polythéisme ou monothéisme ?

Une civilisation polythéiste vénère plusieurs dieux. Une civilisation monothéisme ne vénère qu'un et unique dieu. C'est bien là le problème.

Déclarer que son dieu est unique, exclut et stigmatise les autres dieux et leurs croyants.
Les Chrétiens appellent les autres "les infidèles", les Musulmans "les mécréants" et les Juifs "les Goys".

Chacune des trois grandes religions monothéistes : Christianisme, Judaïsme, Islam ont tué pour imposer leur dieu. Les Chrétiens lors des Croisades, Les Hébreux pour conquérir leurs territoires et lutter contre les "Veaux d'or", les Musulmans pour conquérir le bassin méditerranéen, et annexer la Mecque.

Le monothéisme est générateur de guerres et de massacres. Il divise. Il anéantit. Il écrase. Il soumet. L'histoire montre que tous les souverains se sont servi de la religion pour asseoir leur autorité et pour dominer leurs peuples. **Un seul dieu, un seul maître.**

Pourquoi appelle-t-on Dieu : Seigneur ?
Pour que nous soyons ses vassaux.

Pouvoir et monothéisme sont encadrés par des règles. Plus le pouvoir s'exerce dans la dictature, plus les règles sont rigides. Il en est exactement de même pour les religions monothéistes.

Elles nous empêchent de penser par nous-même. Elles nous imposent un prêt-à-porter culturel et spirituel. Elles nous soumettent par des rites, des commandements, des cérémonies, des prières, des lectures, des chants, par le jugement de nos coreligionnaires (personnes qui partagent la même religion que nous)...

Le monothéisme, avec ses contraintes, ses interdits, ses diktats, sa culpabilisation, ses étroitesses, son allégorie de la souffrance, ses mises à l'épreuve, ses marchandages, éloigne l'homme du bonheur simple. Il ne lui laisse que l'espérance d'une résurrection glorieuse.

Le monothéisme a horreur du plaisir.

L'acte sexuel est fait pour procréer et non pour jouir. Mais pourquoi ?

La nudité doit engendrer la honte. Mais pourquoi ?

Onan a été condamné par Dieu parce qu'il pratiquait le coïtus interruptus. (Se retirer avant l'éjaculation). Mais pourquoi ?

L'Église a fait, par détournement malhonnête, d'Onan et de l'onanisme le symbole de la masturbation et l'a interdit. Mais pourquoi ?

°0°

Onan est un personnage biblique. Acteur mineur du récit de Juda et Tamar, il est le fils puîné de Juda et de son épouse, la fille de Choua. Après la mort de son frère aîné Et sans enfants, son père lui enjoint de s'unir à sa belle-sœur afin de donner une postérité à son frère mais il s'y refuse, détruisant sa semence afin de ne pas donner de descendance à son frère. Il se rend de la sorte, mauvais aux yeux de **Yahvé qui le met à mort.** *(Wikipédia)*

°0°

Je regrette le temps où l'on vénérait Bacchus en buvant du bon vin et Vénus en faisant l'amour.

Le polythéisme ouvre la curiosité, la tolérance et la connaissance des autres. Il permet le choix et s'adapte plus facilement à la situation et à l'époque.

Le monothéisme ne perdure que parce qu'il est soutenu par les puissants et qu'il agit grâce à un chantage affectif simple : la foi en mon dieu ou la mort.

Le polythéisme est tout à fait le contraire.

J'ai envie de prier dans la nature.
J'ai envie d'une montagne pour temple.
J'ai envie que dieu soit une femme.
J'ai envie d'honorer dieu tout seul.
J'ai envie de ne pas faire comme tout le monde.
J'ai envie que mon dieu me corresponde.
J'ai envie d'aimer mon prochain sans recherche de vie éternelle.
Je n'ai pas envie d'adhérer à une religion qui a du sang sur les mains.
J'ai envie de devenir assez fort
pour ne pas croire tous les mensonges de la Bible.

Je n'aime pas les religions car elles affirment détenir la vérité.

Je n'aime pas le monothéisme parce qu'il exclut les autres.

Je n'aime pas l'Église parce qu'elle s l'image de dieu.

En résumé, ce n'est pas l'existence d'un dieu qui me pose problème. C'est l'existence de multinationales confessionnelles qui se sont arrogées la plus belle pensée de l'Homme : dieu.

Au départ, elles agissaient pour soumettre des ignorants aux dirigeants en place. Aujourd'hui, elles sont devenues pouvoir.

Je refuse aujourd'hui de cautionner la religion qui m'a vu naître.

En grande partie, parce qu'elle m'a **menti**.

Mon Crédo

Je refuse de croire que
Dieu a créé le ciel et la Terre en 6 jours.
Nos enfants apprennent le contraire au collège.

Je refuse de croire que
je suis un descendant d'Adam et Eve.

Je refuse de croire que
Dieu est aussi violent que sa description dans la Bible.

Je refuse de croire que
Marie a enfanté sans rapport sexuel.

Je refuse de croire que Jésus a existé
même si je suis certain qu'un illuminé charismatique
a vécu à cette même époque

Je refuse de croire qu'il est ressuscité.

Je refuse de croire qu'il soit monté au ciel.

Je refuse de croire que
Le Paradis, l'Enfer et le Purgatoire existent.

Je refuse de croire que
les morts peuvent un jour ressusciter

Je refuse de croire à la vie éternelle.

Je refuse de croire que
le prêtre est le plus court moyen d'arriver à Dieu.

Je refuse de croire que
Dieu exauce les vœux formulés dans une prière.

Je refuse de croire que
La confession peut absoudre les péchés.

Je refuse de croire que
l'hostie se transforme en corps du Christ

Je refuse de croire que
Dieu nous punit pour nos péchés.

Je refuse de croire que
l'église est un meilleur endroit pour prier que ma chambre

Je refuse de croire aux miracles

Je refuse de croire que Dieu est amour

Je refuse de croire que Dieu me connaît

Je refuse une religion qui a autant de sang sur les mains

Je refuse une spiritualité en prêt-à-porter

Je refuse d'être né avec un péché originel

Analyse d'une prière catholique

Le Notre Père (source site de l'Église catholique)

Notre Père,
Dieu n'est pas mon père. Il n'est pas l'homme qui m'a élevé et qui s'est sacrifié pour moi. Je ne lui reconnais aucunement ce statut, car il n'a rien fait pour moi.
La religion usurpe l'identité du pater familias.

qui est aux cieux,
Je constate que, par rapport à ce que j'ai appris jeune, il faut tutoyer Dieu. C'est un peu comme un copain. Pour ma part, je continuerai à vouvoyer mon, ou mes dieux, car je les respecte profondément.
Je reprends : Notre dieu, qui êtes aux cieux...
Mais pourquoi affirme-t-on que Dieu est aux cieux ? Pour faire comme toutes les religions antiques ? Parce que le ciel nous apporte le Soleil, la pluie, la nuit pour le repos ? Dieu n'est-il pas dans la terre ? Non, c'est sale. C'est là que se trouvent le Diable et l'Enfer. Pourquoi ne se trouverait-il pas partout, autour de nous ?

que ton nom soit sanctifié,
Encore un héritage du Judaïsme. En fait, sanctifier signifie : rendre hommage par des prières et des actions. Je pense que le simple fait de prier Dieu sanctifie Dieu. Cette tournure est donc pléonastique.

que ton règne vienne
Ne règne-t-il pas déjà sur une grande partie de l'Occident et de l'Afrique ?
Que faut-il de plus ?
Qu'il renvoie son fils sur Terre pour qu'il règne comme un monarque sur tous les pays ? Ou bien qu'il règne spirituellement sur la Terre entière ? Dieu des Hindous, des Chinois, des Arabes ? Sans de nouvelles croisades, je ne vois pas comment c'est possible.

que ta volonté soit faite sur la terre comme au ciel.

Cette phrase est ambiguë. Signifie-t-elle : Que ta volonté soit faite matériellement et spirituellement. Ou bien : Que ta volonté soit faite sur toute la planète et les planètes extra-terrestres. Parce que Ciel n'est habité que de dieux, d'anges, de la famille et des copains de Dieu. Et n'oublions pas toutes les âmes défuntes qui sont montées au Paradis. Tout ce beau monde en col blanc obéit déjà à Dieu, le petit doigt sur la couture.

De toute façon, ce vœu "pieu", est en irrespect total pour les autres religions et pour les athées.

Donne-nous aujourd'hui notre pain de ce jour.

Ma grand-mère disait : notre pain quotidien. Je trouve que c'était plus joli. Je pense que quand la prière parle de "pain quotidien", elle sous-entend "à manger". Si l'on en croit ce qui est dit, la responsabilité de la nourriture incombe à Dieu ! Je ne suis pas d'accord. La responsabilité de manger incombe avant tout à l'individu. "Si tu veux manger, tu sors de chez toi pour aller chasser ou pour travailler et gagner de quoi passer chez l'arabe du coin." Et si tu es dans l'impossibilité de le faire, c'est à la société de t'aider à y arriver.

Pardonne-nous nos offenses

Excusez-moi, monsieur Dieu, cela fait très longtemps que je n'ai offensé personne. Je n'ai pas envie de passer mon temps à m'excuser. Pour des fautes que je n'ai pas commises.

Je sais que c'est un peu l'esprit de ta religion de nous fustiger pour nous soumettre, mais je ne me mettrai pas à genoux devant vous.

comme nous pardonnons aussi à ceux qui nous ont offensés

Eh bien, non. Je ne pardonne pas à ceux qui m'ont offensé. Je ne pardonne pas à Jean-Pierre de m'avoir traité de connard. Je ne pardonne pas Daniel de m'avoir emprunté ma femme et je ne pardonne pas à l'autre enfoiré d'avoir embouti ma voiture sur le parking sans me laisser de mot.

Et ne nous laisse pas entrer en tentation
J'adore être tenté. L'intention n'est pas péché. Être tenté, non plus. Je ne compte pas le nombre de fois où j'ai regardé des belles voitures en me disant "si je pouvais....", le nombre de fois où je suis resté immobile, dans une boulangerie, devant ces gâteaux chocolatés et crémeux, le nombre de fois où j'ai croisé une jolie fille ....
Vive la tentation !

mais délivre-nous du Mal.
Primo, monsieur Dieu, il ne fallait pas inventer le Mal. Il ne nous aurait pas capturés.
Ensuite, n'est-ce pas à soi-même de s'en délivrer ? Dieu n'est pas à notre service pour nous apporter le bien ou écarter du mal.

Amen
Traduction : Ainsi soit-il. Encore, non ! Les choses ne vont pas comme ça dans le vrai monde.

°0°

Je ne résiste pas à la tentation de vous en faire une autre :

Je crois en Dieu,
Bé, non, c'est raté. Je crois en un **d**ieu.

le Père tout-puissant,
Déjà vu pour le père.
Tout-puissant ! Avec toutes les misères qu'il y a dans le monde, c'est plutôt l'Impuissant.

À moins que "tout-puissant" soit un mot originaire de l'ancien testament et d'une époque où un dieu devait être puissant pour dominer son peuple et paraître plus attractif que les autres dieux.
Ce serait idiot d'avoir conservé cette formulation au XXIe siècle. En fait, je crois que c'est idiot.

créateur du ciel et de la terre
On sait bien que non.
Les enfants l'apprennent au collège

et en Jésus-Christ,
Je veux bien croire en un Jésus, mais pas dans tout ce que l'on raconte sur lui.

son Fils unique,
La bible prétend qu'il avait des frères et sœurs.
Mais je ne crois pas qu'un dieu puisse avoir des enfants.
Sauf dans les mythologies anciennes.
Mars était le fils de Jupiter et Minerve sa fille.

notre Seigneur,
Nous sommes en République et le Seigneur n'existe plus.
Par contre, dans l'ancien Testament, Dieu est un sacré saigneur

qui a été conçu du Saint-Esprit,
C'est vrai que Dieu a envoyé le saint-esprit pour couvrir Marie et même qu'il a caché la scène aux curieux.

est né de la Vierge Marie,
Mon œil !

a souffert sous Ponce Pilate,
C'est pas Dieu, c'est fils. Cette prière mélange tout.

a été crucifié,
À cette époque, la crucifixion n'existait pas.
On exécutait par lapidation.

est mort et a été enseveli,
Il n'a pas été enseveli, mais déposé dans un tombeau fermé par une pierre roulante.

est descendu aux enfers,
C'est une pure invention ! Même la Bible n'en parle pas.

le troisième jour est ressuscité des morts
Vous croyez aux miracles !

est monté aux cieux,
L'aviation n'existait pas à l'époque, les extra-terrestres non plus.

est assis à la droite de Dieu le Père tout-puissant,
Rester assis pendant des siècles, ce n'est pas très sain ni très saint.
Il ferait mieux de redescendre de temps en temps pour s'occuper du Monde.

d'où il viendra juger les vivants et les morts.
C'est ce qu'on appelle le jugement dernier.
Après le jugement dernier, la Bible promet un bonheur éternel au Paradis.
Jésus... Reviens !

Je crois en l'Esprit-Saint,
Pas plus qu'au Saint-Esprit. C'est bonnet blanc et blanc bonnet.
à la sainte Église catholique,
Oui, j'y crois. Ainsi qu'à ses crimes, ses colonisations, ses excès devant Dieu, son hypocrisie, son anti-sémitisme, son archaïsme, sa complaisance avec les pouvoirs, les pouvoirs fascistes surtout, sa complaisance avec les prêtres pédophiles...

à la communion des saints,

Qu'est-ce que ça veut dire, cette phrase. Et dire que j'ai dû réciter ces mots pendant 10 ans sans en connaître le sens. Comme la plupart d'entre nous, je crois.

Les "saints", ainsi nommés, représentent l'ensemble des âmes des vivants et des morts s'entraidant pour l'éternité. Même l'Église a du mal à l'expliquer.

Moi, quand je ne comprends pas, je ne crois pas.

à la résurrection de la chair,

La résurrection des âmes, je pourrais comprendre à la rigueur, mais la résurrection de la chair... Que nenni. On serait ressuscité à nos 20 ans ou à l'âge de notre décès ?

Et ceux qui ont choisi la crémation ? Il faut penser à tout quand on s'engage dans une religion.

Au fait, les Juifs, les Musulmans, les Hindouistes, les Bouddhistes, les athées, qui n'ont pas voulu croire en notre dieu ne seront pas reconstitués ? Enfin, j'espère, avec tous les efforts que j'ai faits pour le bon dieu.

à la vie éternelle.

Surtout pas !

Des réponses

J'ai mis des années, et ce livre tout entier, pour trouver une définition qui corresponde à ma personnalité et à mes croyances.

La religion est une secte créée par une bande de fanatiques, qui confisquent la vérité sur dieu.

Chacun invente sa légende, ses lois, ses superstitions pour mieux soumettre les peuples anxieux.

La religion est un écran trompeur qui nous dissimule la vérité sur Dieu.

Pour vérifier la pertinence de cette définition, je suis allé interviewer l'intéressée.

Ne croyez pas que je l'ai rencontrée en face-à-face, j'ai fait comme les autres prophètes : j'ai parlé dans ma tête. Je suis sûr, ainsi, que le message ne sera pas déformé.

Interview de Guia

- **Bonjour.**
- Bonjour Patrick.

- **Comment dois-je vous appeler : Seigneur, Dieu, Allah… ?**
- Certainement pas, Seigneur, les hommes ne sont pas mes vassaux. Ni Dieu, ni Allah, ni Yawhé, je ne suis pas une marque déposée. Je n'ai pas de nom. Alors, appelle-moi par celui que tu m'as donné, Guia, ça me changera un peu.

- **Guia, est-ce que le fait d'être une femme vous donne plus de pouvoirs ?**
- Ta question nécessite deux réponses. D'abord, je n'ai aucun pouvoir. Je ne peux faire mourir, ni ressusciter personne. Le seul pouvoir que j'ai eu, fut de créer le temps et la matière par une explosion de mon noyau d'énergie.
  Ensuite, je ne suis ni femme, ni homme et je dirai ni humain, ni vivant. N'ayant pas de corps matériel, je n'ai pas de sexe. Les humains m'ont classé dans une des cases qu'ils avaient construites pour donner un sens à leur monde matériel. Cependant, si ça te plaît de m'imaginer comme une femme, tu es est libre.

- **Est-ce que c'est vous qui avez créé l'Homme ?**
- Dans un sens oui. J'ai éparpillé mon énergie jusqu'aux confins de l'Univers et cette énergie portait un code - comme ce que vous appelez le code ADN - pour que la matière puisse prendre forme et que ses ingrédients arrivent à fabriquer la vie. Ensuite, pour passer de l'être unicellulaire à l'homme, c'est le code qui s'en est chargé, pas moi directement.
  Je n'ai pas fabriqué les hommes avec une poignée de terre et les femmes avec la côte d'Adam. Toutes ces histoires sont des

légendes fabriquées pour soumettre des peuples incultes.

- **Avez-vous eu un fils ?**
- Écoute, Patrick, c'est mal connaître l'essence même d'un dieu de penser que cela est possible. Les humains ont toujours eu tendance à projeter leurs caractéristiques, physiques et morales, sur la manière dont ils représentent leur dieu. Encore un héritage des mythologies antiques !

- **Certains disent que vous êtes responsable des grandes catastrophes qui anéantissent des milliers d'humains.**
- Les hommes peuvent dire ce qu'ils veulent. Ce n'est pas un gage de vérité. Certaines des catastrophes sont provoquées par l'action de l'Homme, provoqués par l'orgueil, par la désobéissance aux lois humaines, par l'insouciance...
  C'est très désobligeant pour moi de penser que je sois responsable du malheur des hommes.
  Se pose ensuite la question de savoir pourquoi c'est tombé sur untel et à tel jour. J'aime la phrase que vous employez : Être au mauvais endroit, au mauvais moment. Cela révèle du hasard.

- **Donc, vous dites que le hasard existe.**
- Le mot existe et vous l'avez inventé. En fait, il provient d'un ensemble de mécanismes et de lois trop complexes pour le cerveau de l'homme que vous êtes actuellement.

- **Êtes-vous comptable du bien et du mal ?**
- C'est une croyance vieille comme le monde. Le bien et le mal ne sont que des règles fixées par des communautés humaines. Pour les faire appliquer, ils disent qu'elles viennent de moi. Chaque être de raison a pour mission de survivre et de se reproduire. Tous les moyens sont bons. Mais s'il souhaite vivre en harmonie avec son milieu social, il choisira ce que la société a décidé de bien.

- **Donc, un homme ayant vécu dans le mal peut aller au paradis.**

- Le paradis n'existe pas. C'est une invention de vos ancêtres mésopotamiens. Il n'y a ni paradis, ni enfer, ni diable.

- **Vous pardonnez à tout le monde ?**
- Je ne pardonne personne, car je n'ai rien à pardonner. Quand un homme fait ce que vous appelez le mal, c'est qu'il n'a pas pu faire le bien. Ce n'est pas à moi de condamner, c'est à la société qui a tout à fait raison de le faire pour conserver son intégrité, rester en vie et se reproduire.

- **Y a-t-il quelque chose après la mort ?**
- Ah, j'attendais cette question. Il y a une loi de l'univers, découverte par un de vos savants, Laurent Lavoisier qui dit "Rien ne se perd, rien ne se crée". Quand vous êtes vivant, votre corps est représenté par une mesure : le poids.
  Un autre de vos savants, Albert Einstein, a découvert que l'énergie était liée au poids.
  Votre corps vivant a donc un potentiel d'énergie. Quand vous mourrez, brûlé ou enterré, cette énergie se disperse et va rejoindre d'autres absorbeurs d'énergie. Une plante peut en profiter, être mangé par un animal, qui sera peut-être mangé par un humain. Et te voilà dans la peau d'un bébé naissant. Mais ne va pas te compliquer la vie avec tout cela. Vis ta vie.

- **Est-ce que vous nous entendez quand nous faisons des prières ?**
- Moi, la personne avec qui tu parles, non. Je perçois un brouhaha, c'est tout. Mais comme tu le sais, je suis partout et en tout. Je suis l'énergie, l'esprit et la chair qui discute avec toi en ce moment et je suis l'énergie, l'esprit et la chair du malheureux qui meurt de faim au fond de l'Afrique. Ses prières seront entendues par les énergies locales. Il est sûr que la partie de moi, qui réside dans les fruits, dans les plantes, dans les nuages et dans les vents, sera plus attentive à sa prière. Mais cela n'est pas une garantie de changement.

- **Êtes-vous sensible aux changements climatiques ?**
- Énormément. Je vais prendre des métaphores calquées sur les humains. Lors d'un incendie de forêt, ma peau brûle et je souffre. Quand un homme est tué dans le monde, je perds l'équilibre. Quand la sécheresse s'abat sur une région, ma peau se craquelle.

- **Que pensez-vous des religions ?**
- C'est ma plus grosse déception. Que les hommes se tuent en prononçant mon nom, que l'on parle à ma place pour accréditer des mensonges, que des soi-disant serviteurs de ma personne blessent des enfants, que mon pardon soit monnayé, que les religions n'apprennent pas aux hommes à gérer leurs souffrances, que l'on soumette des peuples en mon nom... Tout cela m'attriste profondément.

- **Pouvez-vous les arrêter ?**
- Je n'ai plus aucun pouvoir sur la nature que j'ai créée. J'ai fourni des briques - comme ce que vous appelez un *Lego* - mais n'intervient pas sur ce que les hommes en font.
  De toute façon, ils mettront fin eux-mêmes à leur calvaire.

J'espère que tu comprendras pourquoi je rejette la religion que l'on m'a donnée à la naissance. Humainement, je ne peux pas faire autrement. Je n'ai pas baptisé mes deux enfants. Le premier le fit à quinze ans, influencé par le collège catholique dans lequel il était pensionnaire. Le deuxième pour se marier à une femme allemande sensible au sujet.

Je suis heureux du travail accompli à propos de la Vérité sur Dieu et heureux de l'avoir partagé avec toi.

Mais je reste encore sur ma faim. Pour deux raisons.

La première :

Je n'ai pas analysé le besoin psychologique des humains d'avoir un référent spirituel à qui confier ses vœux, ses craintes et ses peines. Le dialogue mental avec Dieu est une aide pour beaucoup d'entre nous. Dieu, la résurrection des âmes, le Paradis aident à vaincre l'angoisse de la mort. De la nôtre et de celle des proches.

La deuxième :

Je crois fondamentalement qu'un dieu existe. Pas le Dieu de mes ancêtres chrétiens dont j'ai longuement parlé dans cet ouvrage, mais un dieu acceptable pour moi, pour mon cœur, pour mon esprit, pour mon âme.

- Ce dieu doit être propre de toute violence et de tout mensonge.
  Ce qui exclut un dieu sorti d'un livre de contes et merveilles.
  Ce qui exclut un courant de pensée qui impose un dogme.

- Pour que le culte d'un dieu soit exempt de toute implication sociale, je recherche un dieu sans religion, sans Église, sans ministre.

- Je n'aimerais pas qu'il exauce les vœux. Je trouve hypocrite de s'adresser à lui pour obtenir quelque chose,

- Pas un dieu qui punit les pécheurs.

Ce serait donc un dieu qui n'a aucune intervention sur les vivants dans le but de changer leur destin.

Un dieu dont l'existence ne puisse pas aller contre l'amour, la logique, le bon sens et la science.

Alors, j'ai très longtemps réfléchi et je vais peut-être proposer une réponse dans les pages qui suivent.

Ferme le livre que tu tiens. Réfléchis, toi aussi.
Tu reprendras la lecture demain.

FIN
ou presque

**Revenons à la création de l'Univers,
il y a plus de 13 milliards d'années.**

La Bible dit une chose intéressante :

Au commencement était la Parole, et la Parole était avec Dieu.
(Jean 1.1)

Jean nous dit qu'au commencement, il y avait **autre chose que Dieu**.
Il la nomme : La Parole, qui était Dieu ou avec Dieu.

Si je rapproche "La Parole" de la théorie du Big Bang, au commencement était une particule d'énergie. Cette énergie est entrée en inflation et a été transformée en matière, en antimatière, et en rayonnements.

Si je recherche le mot rayonnement sur un moteur de recherche, je trouve comme définition : *Le **rayonnement est** un transfert d'énergie sous forme d'ondes et de faisceaux de particules. Il est présent partout dans notre environnement.*

Donc, un rayonnement transporte l'énergie sous forme de particules.
Particule : *Très petite partie, infime quantité.*
Une particule peut mesurer 0,000000000000001 mètre.

La matière est faite d'atomes. L'atome est composé de particules. Les plus connues sont l'électron, le proton, le neutron... Le tout ressemble à un système solaire où les planètes sont des électrons et le noyau (protons + neutrons) est le soleil.
Un atome est composé à 99 % de vide. Comme si l'on mettait le système solaire dans un cube transparent.

Remarque :

Si un atome est composé de particules et si la matière est composée d'atomes, pourquoi cette matière ne tombe-t-elle pas en poussière de particules ?

Parce que toutes ces particules sont retenues par *la force nucléaire,* une force électromagnétique. Plus cette force est élevée et plus la matière est dure.

Quand on se place au niveau de l'atome, chaque particule et chaque force qui les retient est une **énergie.** Je pourrai même dire que **la matière n'existe pas, que ce n'est qu'un amas de particules d'énergie.**

Cela s'applique à toute matière, un minéral, un végétal ou un être vivant.

Nous sommes tous la somme, très organisée, de particules d'énergie élémentaires.

Nous sommes donc à 100% de l'énergie. Le monde est de l'énergie. L'Univers aussi.

**Nous avons été créés par l'énergie
et nous sommes énergie.**

Le soleil en est un amas fabuleux. Il nous envoie des rayonnements, dont les particules (photons) nous transmettent la lumière, la chaleur et beaucoup d'autres éléments rayonnants : rayons gamma, rayons cosmiques, rayons X, rayons UV, rayons radio... Le Soleil est une source d'énergie permanente. On comprend que plusieurs civilisations aient honoré cet astre comme un dieu.

Les rayonnements solaires et les atomes d'oxygène permettent aux végétaux de pousser. Aux animaux de se nourrir.

Nous sommes maintenus en vie grâce à l'énergie.

Cette particule originelle d'énergie, (La Parole ou dieu), se retrouve dans chacun des éléments de la création : les montagnes, le ciel, les mers, les forêts, les plantes, les animaux, les hommes. Nous sommes tous égaux dans l'ordre des éléments car nous sommes tous conçus de la même énergie.

Je franchirai le pas en disant :

L'énergie est dieu.

Mais comme l'énergie ne se voit pas, je dirai que

Toute la nature est dieu.

Mes convictions me rapprochent d'un courant de pensée émis en 1720 par Joseph Rabson et John Toland et qui s'appelle le Panthéisme. Cette philosophie a essuyé les foudres de l'Église catholique qui interdit d'avoir d'autres pensées que les siennes.

QUESTIONNEMENT

Les différents foyers d'énergie peuvent-ils communiquer entre eux ?

Ou en d'autres termes, le mana d'un humain peut-il communiquer avec le mana d'un autre humain... ou d'un arbre ?

Je l'ignore et personne ne le sait. On a remarqué que les bancs de poissons et les d'oiseaux communiquent autrement que par le langage pour effectuer des mouvements coordonnés.

En plus de transporter une énergie, un rayonnement ou une onde peut transformer une information. La radiophonie est une information transportée par une onde. La télévision, le téléphone, le GPS aussi.

Le film **Avatar** (2009) se déroule sur une planète où les habitants communiquent avec la nature et avec les autres animaux.

Je pense que l'homme n'a pas atteint son maximum d'intelligence (uniquement 10% du cerveau est utilisé) et que l'avenir nous apportera des découvertes fascinantes. Si Dieu veut bien partager les fruits de son arbre.

En 1898, âge de naissance de ma grand-mère, qui aurait imaginé la théorie de la relativité qui nous permet aujourd'hui de savoir qu'une particule peut être dans deux endroits en même temps, que le voyage dans le temps est théoriquement possible et que des mondes parallèles existent.

Comme je suis optimiste et que j'aime le progrès, je dis oui, il sera possible de communiquer par la pensée. Si ce n'est déjà le cas !

Est-ce utile de prier ?

Bien sûr. Je le fais souvent. Je me mets en état de méditation rapide. Et je parle dans ma tête aux éléments concernés par la raison de ma prière. Par exemple, si je m'inquiète pour quelqu'un qui est parti en mer, je me mets en communication avec les océans et je leur demande d'être cléments.

Ce n'est pas plus bête que de prier un Dieu qui n'existe pas.

Et la mort ?

Bonne question. Je te remercie de me l'avoir posée.

Lavoisier, fin du XVIIIᵉ siècle, a énoncé ce théorème toujours incontesté :

Rien ne se perd, rien ne se crée. Tout se transforme.

Si tu te fais incinérer, ton corps brûle et des millions de particules forment une fumée qui va se déposer, plus loin, dans la nature.

Si tu te fais enterrer, les asticots te mangent, puis vont mourir dans la terre.

Dans les deux cas, l'énergie des milliards de cellules de ton corps est transférée à la terre. La terre nourrit le végétal qui lui-même récupère l'énergie qui t'appartenait. Le végétal est absorbé par l'animal ou par l'homme.

La femme qui a mangé des légumes (et les femmes adorent les légumes) récupère une partie de ton énergie. L'homme qui mange de la viande (et les hommes aiment la viande avec des frites) récupère une partie de ton énergie qui peut servir à fabriquer des spermatozoïdes.

Donc, lors d'une fécondation, un bébé peut récupérer une partie de ton énergie.

Cela ressemble à la réincarnation des morts dont parlent les Chrétiens, à la seule différence que ma version est techniquement avérée.

Cela ressemble aussi à la réincarnation des Bouddhistes. Si ton énergie ne se retrouve pas dans un humain, elle peut se retrouver dans un animal ou dans un végétal.

De là à dire que, selon ton karma (la somme de tes bonnes et de tes mauvaises actions), tu seras réincarné en homme, en animal ou en végétal... il y a un grand pas que je ne franchirai pas. Surtout, parce que toutes les religions ont une fâcheuse tendance à culpabiliser ses adeptes sur la notion du bien et du mal.

La loi d'une société et sa justice sont là pour sanctionner les mauvais comportements et je crois qu'un an de prison est plus dissuasif qu'une modification de karma.

Peut-on se souvenir d'une vie antérieure ?

Encore une excellente question.

Cela me parait difficile, car le mana libéré par la mort d'un corps est éparpillé dans la nature. Il y en a pour les arbres, pour l'herbe, pour tous les animaux qui broutent...

Mais.... (j'adore les "mai") prenons l'exemple du Big Bang. **Une particule contenait tout l'avenir du cosmos.** Imaginons (j'adore imaginer) qu'une particule de notre corps décédé, donc un corpus de mana, contienne toute l'information de notre vie antérieure. Une particule seulement servirait à transmettre les informations et la personne héritant de cette particule pourrait avoir des souvenirs de notre existence.

L'information (même complexe) peut être contenue dans une particule. Visualisez un chromosome. Il mesure 0,2 micron, soit un dix millièmes de millimètre.
Ce chromosome est constitué de molécules (groupement d'atomes) d'ADN. Ce qui veut dire que des atomes portent comme information le programme et la machine de construction d'un corps humain entier. Et comme la matière n'est qu'énergie, on peut en conclure que l'énergie transporte l'information.

Il est donc possible qu'une particule de défunt puisse être associée à la formation d'un corps humain et garderait des informations d'une vie antérieure sous forme de souvenirs.

Alors ?!

Certains de nos ancêtres adoraient le soleil et ils avaient raison, car sans soleil, il n'y a pas de vie. Sans énergie, pas de vie.

D'autres, les animistes, dont les chamanes, s'entretenaient avec les esprits de la nature et ils avaient raison. Parce qu'au moins, ils respectaient ladite nature. Et la nature les respectait.
La nature est "vivante". Elle se reproduit, elle se défend, elle se nourrit, elle souffre. À cause de l'Homme malheureusement.

Arrêtons de perdre du temps dans les églises, dans d'autres temples et dans des prières qu'aucun dieu n'écoute ! Consacrons-nous à ce qui nous a créés, ce qui nous nourrit, ce qui nous protège, ce qui agrémente notre vie, ce qui nous recycle. Cessons d'accomplir des simagrées de foi, des rituels pseudo-magiques, des superstitions et vouons une partie de notre vie à soigner notre mère Gaïa.

Je donne à cet ensemble d'énergies, présente sur terre et dans l'Univers le nom de Guia, néologisme formé à partir de la racine grecque du mot "énergie". Il ressemble à Gaïa, qui ne désigne que la Terre. Il est féminin, ce qui me comble parfaitement.

La vie sera meilleure pour tous. Nous nous sentirons mieux. Utiles et connectés. Libérons-nous des chaînes judéo-chrétiennes qui nous asservissent et nous abêtissent. Nous le valons bien.

Comment communiquer avec Guia ?

Par la pensée, par la méditation que l'on peut appeler : prière.
Tout ce que pense votre esprit génère des ondes (donc une énergie, donc des informations).
Ses informations sont captées par tout système formé lui-même d'énergie (donc tout ce qui existe). Il faut néanmoins que le système soit récepteur, ce qui est le cas de tous les êtres vivants. À défaut des roches cristallines, par exemple, qui émettent, mais qui ne reçoivent pas.

Quels sont les éléments les plus riches en énergie ?

L'énergie est la plupart du temps proportionnelle au poids. Plus l'objet est lourd, plus il contient d'atomes. Plus il est compact et plus, il contient d'énergie. A tel point que l'Uranium en contient tellement qu'elle s'échappe. Plus il est lourd et compact et plus, il provoque une énergie gravitationnelle.
Plus il est chaud et plus les électrons de ses atomes sont en mouvement et provoquent une énergie radiante que l'on appelle chaleur.

Dans cette logique, le Soleil est le plus communicateur d'énergie.
Vient ensuite Gaïa, la Terre dont le pouvoir est sous-estimé.
L'être humain avec sa chaleur et les multiples tâches accomplies par son organisme.
L'eau, chaude, salée. La forêt et les arbres. Les animaux.
Les cristaux de roche.

Guia est mon dieu ou plutôt ma déesse
La nature est mon dieu
Telle est ma vérité sur dieu

Cette hypothèse déique, cette croyance est tout aussi crédible et acceptable que celle du Christianisme, de l'Islam ou du Judaïsme. Elle porte à son actif beaucoup d'avantages :

Elle est issue de la science, et difficilement contestable.

Elle est universelle et peut-être acceptée par les peuples du monde entier.

Elle n'est pas grevée par une histoire millénaire et par un récit épique écrit pour des peuples sous-cultivés.

Elle est compatible avec les autres religions et n'en condamne aucune.

Guia n'est pas un autre dieu, puisqu'il englobe tout ce qui existe. Elle ne vous interdit rien et ne surveille pas votre vie. Habillez-vous comme vous le souhaitez, mangez ce que vous voulez...

Elle ne demande pas à ce que des édifices ou des temples soient construits pour elle.

Elle peut se mettre en contact avec les humains de la plus simple manière.

Aucun clergé ne la manipule.

N'étant pas exclusive, elle ne pousse pas aux guerres fratricides.

Nulle théologie n'est nécessaire pour la comprendre et la ressentir.

Elle n'est coupable d'aucun crime dans son histoire.

Elle est la mère de l'Homme et de toute la création. Elle nourrit l'Homme et le protège. Elle incite à l'écologie et au respect de la Nature.

FIN

ou début d'une autre vie

avec l'aide d'un dieu

que tu seras

libre de choisir.